社会心理学与生活

SOCIAL PSYCHOLOGY AND LIFE

杜华楠 著

中国纺织出版社有限公司

内 容 提 要

在庞大的心理学体系中，社会心理学是最贴近生活的一门学科。人是社会性动物，彼此之间相互连接、相互羁绊，每个人都是在与社会的互动过程中，逐渐养成独特的人格与个性；通过社会知识内化和角色知识的学习来适应社会、参与社会生活，并在社会环境中生存。一旦脱离了社会和群体，失去与他人的交互，我们就无法成为真正意义上的人，也无法定义自己的身份和价值。学习社会心理学，有助于我们跳出固有的偏见与思维陷阱，更深刻地理解自己和他人；更客观地认识到，我们的行为不总是由个人意志掌控，还与社会情境、他人密不可分。由此告别简单粗暴的论断，结合具体的情境重新审视个体或群体的行为，理解那些"匪夷所思"的生活现象。

图书在版编目（CIP）数据

社会心理学与生活 / 杜华楠著. -- 北京：中国纺织出版社有限公司，2024.9. -- ISBN 978-7-5229-1939-3

Ⅰ.C912.6-0

中国国家版本馆CIP数据核字第2024801MW2号

责任编辑：郝珊珊　　责任校对：高　涵　　责任印制：储志伟

中国纺织出版社有限公司出版发行
地址：北京市朝阳区百子湾东里A407号楼　邮政编码：100124
销售电话：010—67004422　传真：010—87155801
http://www.c-textilep.com
中国纺织出版社天猫旗舰店
官方微博 http://weibo.com/2119887771
鸿博睿特（天津）印刷科技有限公司印刷　各地新华书店经销
2024年9月第1版第1次印刷
开本：710×1000　1/16　印张：12.5
字数：184千字　定价：59.80元

凡购本书，如有缺页、倒页、脱页，由本社图书营销中心调换

在此之前,如果你从未接触过社会心理学,也没有阅读过任何与之相关的著作,那么很感谢你在茫茫书海中选择以这本书开启全新的知识领域;同时,也请你相信,即使没有任何的心理学背景,这本有趣的小书也定能让你在轻松的阅读中有所收获。

其实,在心理学的众多分支中,社会心理学是最贴近日常生活的一个,它从生活现象出发,以科学结论作尾,引导着我们思考生活中普遍存在的社会事实,并予以解释。当我们不懂社会心理学时,看到的、想到的多是"表象"甚至是"假象",对很多事物的理解是主观的、片面的,要么带着光环,要么带着滤镜,无法客观准确地觉知和判断。

古希腊德尔菲阿波罗神庙上刻着一句话:"认识你自己";老子在《道德经》里说:"知人者智,自知者明。"无论是西方哲学还是东方哲学,认识自己都是如此的重要,这一课题在心理学中叫作"自我觉知",即对自我的清晰认知、透彻了解与合理评价。

在现实生活中,我们可以相对客观地看待周围的人和事,但要清晰准确地认识自己却很难,因为社会心理学中的邓宁-克鲁格效应告诉我们,正确地认识自己、觉知自己是一种能力,并不是所有人都具备这样的能力。

为了饰演好不同的身份角色,我们的表现和态度往往是不一样的;面对不

同的社会比较对象，我们对自我的认知也会发生变化。很多时候，我们会用"我们以为别人怎么看我们"为镜子来认识自己，这就意味着，我们可能会高估或低估别人对自己的评价。

作为社会性动物，人与人之间彼此连接、相互羁绊，没有谁可以活成一座孤岛。置身于社会情境中的我们，很难做到时刻保持理性思考，也无法完全掌控自己的行为，他人的认知、态度和行为都在潜移默化、悄无声息地影响着我们。

在某些社会情境之下，我们都可能会做出背离自己态度的举动；在强有力的恶意情境之下，本性善良的人也可能会屈从残暴，变成嗜血的魔鬼。然而，在假设情境中，我们都坚信自己不会"那样做"，可一旦身临其境，就像是受到了某种力量的驱使，身不由己。

如果按照"想当然"的思路去看待问题，我们可能会觉得"不敢当众表达异议，说明自己怯懦""多人围观看热闹却不施救，说明人心冷漠"……可是，当我们知道了社会心理学中的从众心理、群体压力、群体一致性、旁观者效应时，我们就会告别简单粗暴的论断，结合具体的情境去理性解析人们的行为。

社会心理学是一门应用性很强的学科，其相关规律可以用于自我成长、教育、婚恋、管理、传播等各个领域。本书在撰写的过程中，参考了国内外社会心理学研究者的大量研究成果和相关著述。在此，向那些为社会心理学做出贡献的学者们致以诚挚的敬意！感谢他们提供了一个全新的视角，借助科学理论让我们更好地认识自己，洞悉人性。碍于时间、精力和个人学术能力有限，书中若有引用和阐释不当之处，恳请各位读者朋友不吝指教。

目录

01 CHAPTER 01
人可以脱离社会而存在吗？

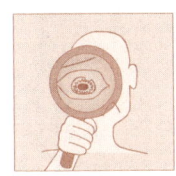

01 | 社会化：为什么"狼孩"无法成为人？　　002
02 | 镜中自我：每个人都是他人的一面镜子　　003
03 | 社会比较：没有参照标准，便无法衡量自我　　007
04 | 焦点效应：总觉得别人时刻都在关注自己？　　009
05 | 透明度错觉：别人能看出你有多紧张吗？　　012
06 | 自尊：他人对我们的自尊有什么影响？　　014
07 | 自我效能：如何才能正确地提升自尊？　　016

02 CHAPTER 02
你确定完全了解自己吗？

01 | 认知失调：吃不着葡萄，为何说葡萄酸？　　020
02 | 习得性无助：你认为命运由谁来掌控？　　022
03 | 自我设障：阻挠自己获得成功的真相　　025
04 | 信念固着：你是否做了思维的囚徒？　　027
05 | 虚假普遍性：认为别人会像自己一样思考行事　　029
06 | 虚假独特性：总觉得自己比别人更优越　　030

03 CHAPTER 03
为什么越无知的人越自信？

01 | 规划谬误：拖延往往就是这样产生的　　　　034
02 | 盲目乐观：过度乐观不是一件好事儿　　　　036
03 | 情感预测偏差：准确预测未来的感受很困难　　037
04 | 自我服务偏差：成功因为够努力，失败因为太倒霉　039
05 | 控制错觉：高估自己对事件的控制程度　　　041
06 | 达克效应：认识到自己无知，需要相当程度的知识　043

04 CHAPTER 04
是什么让人选择"随大流"？

01 | 从众效应：你会坚持自己的判断吗？　　　　048
02 | 易受暗示性：人们对现实的看法未必是自己的观点　050
03 | 群体压力：多数人的观点带来的压迫感　　　051
04 | 群体规模：人数越多，从众越明显吗？　　　053
05 | 群体一致性：成为唯一的少数派并不容易　　055
06 | 群体凝聚力：越认同某一群体，从众的压力越大　056
07 | 事前承诺：事先公开立场，可以减少从众　　057
08 | 个体独特性：没有谁愿意和他人一模一样　　058

05 CHAPTER 05
普通人距离"恶"有多远？

01 | 人格倾向论：做蠢事的一定是愚蠢之人吗？　　062
02 | 服从实验：社会情境之下的"身不由己"　　063

03 | 责任转移：无须承担责任，使人肆无忌惮　　066
04 | 权威效应：权威人士的话更容易引起重视　　067
05 | 距离削弱责任：人们会怜悯生动的、个性化的人　　069
06 | 去个体化：为何网上的"恶评"会传染？　　070
07 | 匿名性：没人认识我，有什么可担心的　　071

06 CHAPTER 06
真的是"人多力量大"吗？

01 | 社会唤醒效应：只要他人在场，就会影响我们　　076
02 | 社会懈怠：戳破"人多力量大"的谎言　　078
03 | 旁观者效应：见死不救是因为冷漠吗？　　080
04 | 集群行为：如何看待网络暴力的问题？　　083
05 | 冒险转移：群体决策比个人决策更冒险　　085
06 | 群体极化："偏激的大多数"是怎么产生的？　　087
07 | 少数派的力量：个体是怎样影响群体决策的？　　089

07 CHAPTER 07
我们为什么会喜欢一个人？

01 | 社会排斥：从小镇青年到冷酷杀手　　092
02 | 接近性：异地恋到底难在哪儿？　　094
03 | 曝光效应：别小看"刷脸"的存在价值　　096
04 | 相似性：我们喜欢和自己相似的人　　098
05 | 互补性：并非所有的差异都能形成互补　　100
06 | 外表吸引力：以貌取人是难以避免的　　101
07 | 首因效应：为什么第一印象很重要？　　103

08 | 晕轮效应："滤镜"之下的爱情悲剧	105
09 | 匹配现象：你会选择和谁结成伴侣？	107
10 | 破绽效应：太过完美的人显得不真诚	109
11 | 吸引奖赏理论：你为何会被某些人吸引？	111
12 | 依恋类型：什么在影响你的亲密关系？	113
13 | 爱情三元论：完满的爱情长什么样子？	115
14 | 自我表露：你敢在TA面前做真实的自己吗？	118

08

CHAPTER 08
偏见与歧视可以消除吗？

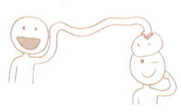

01 | 偏见：大脑为了偷懒设置的陷阱	122
02 | 刻板印象：亚洲女性与黑人抢劫犯	124
03 | 二次防御：如何区分误解与偏见？	126
04 | 歧视：无处不在的区别对待	128
05 | 种族偏见：乔治·弗洛伊德之死	129
06 | 性别刻板印象：女司机是"马路杀手"吗？	131
07 | 刻板印象威胁：负面偏见带给人的痛苦	134
08 | 无意识偏见：人们都不认为自己有偏见	136
09 | 确认偏见：相信自己愿意相信的	139
10 | 爱的偏见：被爱蒙蔽了双眼	141
11 | 内群体偏好："我们"优于"他们"	143
12 | 污名意识：人们为何忌讳心理疾病？	144
13 | 公正世界信念：为什么会出现受害者有罪论？	146
14 | 接触假说：如何有效地消除偏见？	148

09 CHAPTER 09
纯粹的利他主义存在吗?

01 | 社会交换理论：人们为何要帮助他人？　　　　　152

02 | 奖赏理论：给予的同时，也是在得到　　　　　　154

03 | 心境与帮助行为：心情的好坏会影响助人吗？　　155

04 | 互惠规范：为什么德国特种兵会被一块面包感动？　157

05 | 社会责任规范：应当向需要帮助的人伸出援手　　159

06 | 性别与受助：女性会比男性得到更多的帮助吗？　160

07 | 进化心理学：生命的本质是让基因传递下去　　　161

08 | 同理心：共情可以唤起利他动机　　　　　　　　163

09 | 榜样的力量：友善的行为是可以传染的　　　　　165

10 | 时间压力：不去施救的路人是冷漠无情吗？　　　167

11 | 利他主义的社会化：如何才能增加帮助行为？　　169

10 CHAPTER 10
人类的攻击性是天生的吗?

01 | 攻击行为：人性中暴力的一面　　　　　　　　　174

02 | 本能理论与生物学理论：攻击行为是遗传的吗？　176

03 | 挫折—攻击理论：深夜怒砸ATM机的女孩　　　　178

04 | 相对剥夺：期望与现实之间的落差　　　　　　　181

05 | 情境与攻击：那些令人厌恶的体验　　　　　　　183

06 | 媒体暴力：请让孩子远离暴力游戏　　　　　　　185

07 | 宣泄假说：打沙袋可以减少愤怒吗？　　　　　　187

08 | 社会学习：攻击行为是可以控制的　　　　　　　189

CHAPTER 01

人可以脱离社会而存在吗?

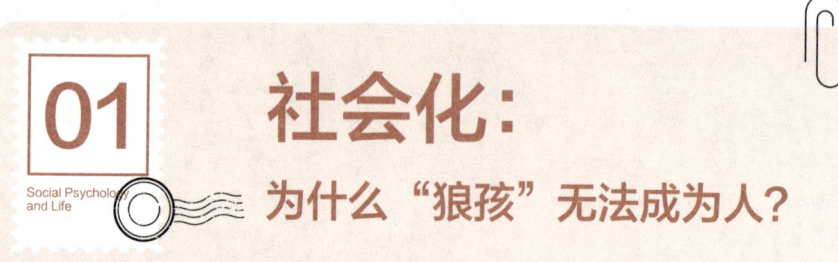

01 社会化：为什么"狼孩"无法成为人？

社会学中有一个专属名词叫"塔斯马尼亚岛效应"，是指在没有外部知识输入的情况下，某一局部区域的文明不仅会停滞不前，还会出现倒退的现象。如果一个人从出生开始就脱离人类社会群体，又会发生什么呢？

1920年，人们在印度加尔各答的丛林里发现了两个被狼哺育的女孩，大的女孩约8岁，小的女孩约1岁半，人们为她们分别取了名字——"卡玛拉"和"阿玛拉"。

当两个女孩被带进孤儿院时，一切生活习惯都和野兽一样。

她们不会用双脚站立，完全靠四肢爬行；不穿衣服，不肯洗澡，随地大小便；她们白天经常睡觉，害怕见光，在日光下会把眼睛眯成缝，且不停地眨眼；夜晚表现得比较兴奋，每到夜里10点、1点和3点，都会发出非人非兽的叫声。她们不懂语言，也发不出人类的音节，经常蜷伏在一起，不愿靠近他人；不会用手拿东西，吃东西时狼吞虎咽，喝水用舌头舔；若进食时有人靠近，就会发出"恐吓"的呜呜声。

进入孤儿院两个月后，小女孩阿玛拉能在感觉口渴时说出孟加拉语的"水"，且较早对其他孩子的活动表现出兴趣。遗憾的是，进入孤儿院不到一年，阿玛拉就去世了。大女孩卡玛拉进入孤儿院16个多月，才学会用膝盖走路；2年零8个月，才会双脚站立；5年多才学会走路，但跑起来时仍然会退回到四肢爬行的状态。她用了2年零1个月的时间,才学会说第一个词语"ma";4年的时间,只学会了6个字;7年后,也只学会了45个字,勉强地说出用3个字组成的句子。卡玛拉活到了17岁,直至离世,她也没有真正地学会说话,智力只相当于三四岁的孩子。

卡玛拉和阿玛拉是人类繁衍的后代,但她们长期脱离人类社会环境,没有经过"社会化",没有发展出人类大脑的功能,也不具备人的意识和抽象思维,故而只能算作是在生理特征上具有人类特征的生物,而不是真正意义上的人。

人在刚出生时没有任何的社会本能,所有的生存技能和社会科学知识都是在社会生活过程中通过学习积累起来的。每个人都是在与社会的互动过程中,逐渐养成独特的人格与个性,通过社会知识内化和角色知识的学习来适应社会、参与社会生活,并在社会环境中生存。一旦脱离了社会和群体,失去与他人的交互,个体就不可能成为真正意义上的人,也无法真正地认识自己,定义自己的身份和价值。

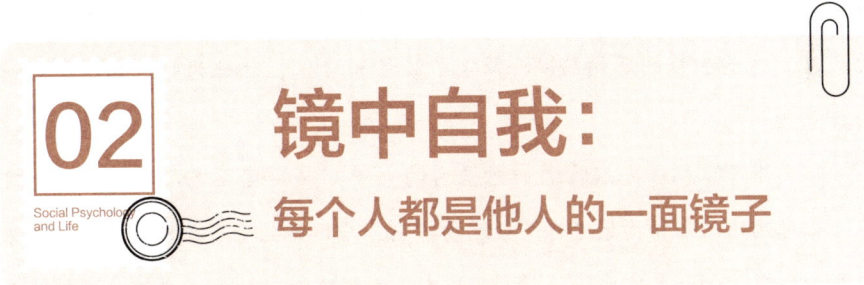

镜中自我:每个人都是他人的一面镜子

社会心理学家查尔斯·霍顿·库利认为,人们是在与他人的互动中认识自我的,并由此提出了"镜中自我"的概念。

 库利认为，自我观念是通过与他人的社会互动形成的，他人就像一面镜子，我们会根据自己在他人面前的样子来感知自我。

库利在《人类本性与社会秩序》一书中指出，"我"的概念，不是独立于普遍生活之外的某种东西，把"我"和社会分开是一种谬误。自我观念看起来是主观的，其实是依赖于客观、依赖于社会，因为人在出生时并没有自我，自我是通过与他人的相互作用形成的。

库利认为，自我认识的形成过程有三个阶段：
（1）想象自己在他人眼中的形象；
（2）想象他人如何评价自己的形象；
（3）对他人这些认识或评价的感觉。

May是一名产品研发员，很渴望能在专业领域有所突破。

前几日，May参加了行业内一个重要峰会，并做了一场精彩的演讲。峰会结束后，May得到了总裁和几位高管的称赞，大家对她的想法给予了高度的认可。这些积极的反馈给May带来了鼓舞和自信，让她为自己的创造力感到自豪。

昨天下午，May突然收到一封匿名的电子邮件，里面充斥着贬低她的言辞，并对她的形象和构想进行了猛烈的抨击，质疑她的资历与能力。突如其来的负面反馈犹如一盆冰水，浇熄了May内心刚刚才燃起的一点自信，让她陷入了自我怀疑的谷底。

每个人都要通过观察他人的反馈和评价来构建自己的身份与自我认同感，这种社会反馈对于个体的自我形象塑造、情绪状态和行为表现有很大的影响。

CHAPTER 01
人可以脱离社会而存在吗?

也许,你没有经历过发生在May身上的事件,但那种被质疑、被否认、被轻视的感受,你可能并不陌生,他人对我们的评价和认知会让我们产生某种情绪,并主导对自己的"认知"。

镜中自我是个体自我意象中不可或缺的一部分,而自我意象又影响着个体的真实自我。不过,当我们过于相信镜中自我时,往往会出现一些自我概念的判断失误,不自觉地把"我是什么样的人"交给他人去定义。这样的情况在生

活中普遍存在，最常见的情形有三种：

情形1：过分在意他人的看法，很容易因为他人的一句差评陷入自我怀疑。

情形2：为了得到他人的认可与好评，忽略自己的真实感受，形成讨好型人格。

情形3：处理问题时总想让所有人都满意，前思后想、左顾右盼，迟迟不敢作决策。

对于镜中自我效应，想避免自我概念的判断失误，有两个要点务必谨记：

第一，不要只依赖"一面镜子"去认识自己，不能仅凭借某个人或少数几个人对自己的看法和态度，就高估或低估自己。毕竟，他人的看法和评价带有主观色彩，不能代表事实，更不代表你的真实自我。

第二，反思自我时要"全方位照镜子"，每一个角度都要照一照，才能看到多面的、立体的自我，获得对自己客观、正确的认识，千万不能一叶障目。研究发现，由于人们倾向于恭维他人，而不是嘲讽他人，所以我们容易高估他人对自己的评价，导致自我意象的膨胀。

03 社会比较：
没有参照标准，便无法衡量自我

华东师范大学心理与认知科学学院副教授陆静怡在其著作《比较的囚徒》中指出：在当代社会，比较似乎成为认识自我的一面镜子，是定义优劣的"相对论"。正是这套"相对论"，让每个人心中激发出情绪的千层浪，许多酸甜苦辣、爱恨情仇皆因"比"而生，甚至让人陷入困境与牢笼。

罗森打算在当地买个70平米的房子，首付50万元，剩下的钱可以按揭，月供3500元，就他和妻子目前的收入来看，他们的生活质量不会受太大影响，且70平米的面积也够一家三口居住。然而，在一次朋友聚会上，罗森却改变了主意。

喝酒聊天中，他听闻周围的几个朋友都相继买了房，地段不错，房子宽敞，其中一位友人经济状况还不及罗森。罗森顿时觉得，自己也该买个大房子，毕竟置业也是一辈子的大事，别人收入不如自己却敢背着比自己还重的担子，自己为什么不能？罗森又联想到，朋友们到他家里做客，挤在那狭小的客厅里，着实有点儿"憋屈"。就这样，罗森最终决定买一个90平米的房子，月供从3500元变成了5000元。

罗森"如愿"买了大房子，可也如期每月多还1500元的贷款。此时的他，心理平衡了，感觉终于和朋友"平起平坐"了，甚至比别人还略微高了那么一点儿。可不久后，罗森又听闻了一个消息，这条消息再次打破了他内心的平衡。

那个买了大房子、收入不如自己的朋友，在买房之前继承了岳父的一家收益不错的门店，人家敢出大手笔，是因为心里有底。罗森突然觉得自己有点儿傻了，买个大房子干吗呢？当初那70平米的房子不是挺好的吗？

换了大房子，罗森的买车计划就得往后延。每次和朋友聚会，原本步行只需要半小时的路程，他也要打车前往，总怕别人说他过得"寒酸"。事实上，根本没人在意他是怎么来的，他只是内心过于担心有车的朋友提及"他为什么不买车"这件事。许多次，许多不必要的花销，在虚荣心的"唆使"下，就这样花出去了，面子背后的苦涩，只有罗森自己最清楚。

当然，罗森的"辛苦"还远不止这些。生活中和朋友比收入、比房子，工作上事事想争得最好、时时要显得比别人高明……罗森太在意自己在别人眼里的形象了，他已经把自己推上了一个永不停歇的比较轨道。

许多人和罗森一样，虽然没有把人生目标定为"要比别人好"，却总是鬼使神差地跳进比较的"牢笼"。为什么人们总是忍不住与别人比较呢？

知识点 美国社会心理学家利昂·费斯汀格提出的"社会比较理论"认为，人们之所以进行社会比较，是因为需要通过和他人比较来维持稳定和准确的自我评价，以及维护自尊和自我价值；人们面临的情境越缺乏客观标准，进行社会比较的倾向就越强。

每个人都会自觉或不自觉地想要了解自己的地位如何、能力如何、水平如何。当自身对观点和能力的评判没有一个绝对标准时，就会本能地寻找一个相对标准进行比较，从而对自己作出正确的评价，正如一位心理学家所说："如果一个东西无法衡量，它就不存在。"

社会比较的益处在于，可以帮助人们准确地认识自己，对自己在人群中有一个相对准确的定位，知晓自身的情况相较他人而言处于什么水平。在看到比自己优秀的人时，可以将其视为标杆，看到自身与对方之间的差距，激发向上成长、完善自我的动机。

不过，凡事都有两面性，社会比较也不例外。许多人在跟他人进行社会比较时，看到别人追求什么、拥有什么，就迫不及待地去追赶，一心想要超越周围的人，忘记了真正重要的是关注自身。这种行为使得他们体验不到自我成长带来的快乐，感受到的只有竞争的焦虑，还很容易陷入"内卷"的旋涡。

想要摆脱比较的"牢笼"，最终还是要回归本质思考——"我是谁？我要到哪儿去？"只有清楚自身的需求，在正确的维度上进行恰当的比较，有针对性地提升和精进，才能成为更好的自己。

04 焦点效应：总觉得别人时刻都在关注自己？

假设1：你在车水马龙、熙来攘往的繁华路上一不留神摔了一跤。

假设2：你参加朋友的聚会时被提陈年出糗的旧事，恰好自己心仪的人也在场。

假设3：你某天早上犯懒，蓬头垢面地走出家门，不料遇见多年未见的朋友。

如果这一切都是真的，你会有什么样的感想？很有可能，你会感觉尴尬至极，甚至数天以后回想起来，依然感到脸上阵阵发烫，心里一再地懊恼：

——在众目睽睽下摔了一个大跟头，太丢人了！看到我摔跟头的人，一定拿这个当茶余饭后的"消遣"了，下回再走那条路，不知道会不会被人认出来当笑柄。

——被心仪的人知道了我的糗事，精心经营的完美形象全没了，在他面前我简直就像一个滑稽的"小丑"，以后该怎么和他相处啊？

——与旧相识就这么碰上了，多年前彼此还较着劲，看谁日后过得更好。可今天我蓬头垢面的样子，唉，不用说了，他一定认为我过得不怎么样！

这些对他人想法和行为的想象，有多少是真实的、客观存在的？换句话说，你以为你所想象的，就是真实存在的吗？真相恐怕和你想得不太一样。

——在川流不息的人群里，谁会记得某年某月某日的某条街上，曾经有一个不相识的你在此摔了一跤？就算记得有这么一件事发生过，谁又会记得摔跟头的人长什么样？

——别人讲你糗事的时候，或许你的心仪之人正在走神，直到大家哄然大笑他才回过神来，根本不知道发生了什么！即使听见了，也只会一笑而过，毕竟都是普通人，谁又比谁完美多少呢？

——那位不期而遇的朋友，不知道现在有多少重要的事要做，生活中又有多少亟待解决的烦恼，哪有时间去想什么时候与你有过什么约定。哪有心思去琢磨你的形象？说不定你那天穿的什么衣服，对方都不记得了。

总觉得别人都在"看"自己，其实别人根本就没在意，为什么会出现这样的偏差呢？

CHAPTER 01
人可以脱离社会而存在吗？

知识点 | 人们倾向于把自己视为一切的中心，并且直觉地高估他人对自己的关注程度，这种现象在社会心理学中被称为"焦点效应"，也称"聚光灯效应"。

曾有心理学家对焦点效应进行过实验研究：

在一项实验中，研究者让被试大学生穿着印有"美国之鹰"的运动衫去会见同学，大约有40%的被试认为同学会记住自己衣服上的字，实际上只有10%的人记住了。多数观察者甚至压根就没有注意到，被试中途出去片刻再回来时更换了衣服。

在另一项实验中，研究者让被试穿着印有过气摇滚歌手的T恤去上课，被试认为会有50%的人注意到自己的尴尬衣着，实际上只有23%的人注意到了。

时时为别人的看法担心、害怕、烦恼、焦躁，真的没有必要，你不是别人的生活重心，没人会花费大量的精力一直关注你；就算别人注意到了，也不

比世人目光更可怕的，实际上是你那颗在意世人目光的心。

会太在意，很快就会将其抛诸脑后，去思考自己的事了。如果自己把问题想得太糟糕了，总是刻意关注着，有意无意地去"弥补"，反而更可能让事情往"坏"的方向发展。

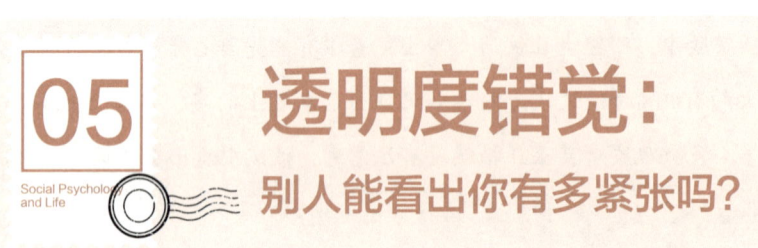

05 透明度错觉：别人能看出你有多紧张吗？

提起当众演讲，多数人都会感到紧张，这是一种普遍的现象。提及原因，无外乎是害怕站在聚光灯下被人们关注的感觉，担心自己在演讲过程中说错话，或是在行为上出丑。结果，恰恰是因为有了这些顾虑，致使许多人无法集中精力思考，不能清晰流畅地表达出自己的想法，甚至还有人感觉大脑一片空白，说不出话来。一旦有了失败的体验，对于当众演讲这件事的恐惧又会进一步加深，形成恶性循环。

其实，当众演讲对任何人来说都是一种考验，即使是经常演讲的人，也未必完全没有紧张感。只不过，我们总是觉得别人在演讲时表现得都很自然，唯独自己站在台上时声音颤抖、手心冒汗、两腿发抖……在结束演讲之后，回想起自己在台上的紧张之态被观众们一览无余，瞬间觉得无地自容，难堪至极。

对台上讲话的人来说，紧张感是真实存在的。可是，对台下的观众来说，是不是每个人都注意到了演讲者的紧张呢？抱歉，这又是一次自我臆想与自我欺骗。

CHAPTER 01
人可以脱离社会而存在吗？

用负面的情绪滤镜去看待事情。

知识点 | 人们总能敏锐地觉察到自己的情绪，因而很容易出现透明度错觉，即高估自己的个人心理状态被他人知晓的程度的一种倾向，实际上这是一种心理错觉。

透明度错觉是一种心理错觉，美国社会心理学家吉洛维奇和萨维斯基，曾经邀请40位康奈尔大学的学生作为被试，两人一组进行"3分钟即兴演讲实验"：萨维斯基给出一个演讲话题，一人站在台上即兴演讲（演讲者），另一个人坐在台下当观众（观察者）；之后，两个人调换位置，另一人就萨维斯基给出的新话题进行演讲。

演讲结束后，演讲者和观察者都要对自己和对方的紧张程度进行1～10分的评定。实验结果显示：被试认为自己（平均6.65分）比他们的搭档（平均5.25分）看起来更紧张。为了检验结果的可信度，吉洛维奇和萨维斯基重复了这个实验：让被试在一些被动的听众面前演讲，力求不被听众分散注意力。结果再次显示，被试高估了自己所表现出来的紧张程度。

吉洛维奇和萨维斯基后续还做了一个实验，他们很想知道：如果提前告诉演讲者他们的紧张并没有那么明显，是否可以让他们放松一点？结果正如他们预想的那样，事先告知被试社会调查研究的结果，再进行上述的实验，透明度错觉程度会明显下降。

对于社交焦虑者来说，看到这一实验结果应该可以稍稍地松一口气了。下一次，当你担心自己在人前表现得过于紧张时，不妨提醒自己——"其实，我没有想象中那么尴尬，别人也没有那么在意我，是我太关注自己了。"

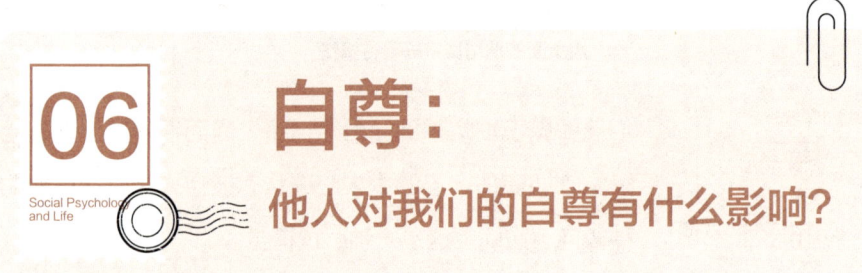

06 自尊：他人对我们的自尊有什么影响？

想要理解这个问题，我们有必要先了解一个心理学概念——自尊。

知识点　自尊，是个体对自身能力大小、价值高低的判断和感受，它对每一个人而言都很重要。正因为此，多数人都会尽可能地争取和维持自己的自尊。

法国心理学家克里斯托弗·安德烈、弗朗索瓦·勒洛尔在《恰如其分的自尊》一书中指出，自尊包含三个方面的内容，即自爱、自我观和自信。当这三个方面运转良好时，一个人的自尊水平就比较高；当其中一个或几个部分出现了问题，就会出现低自尊的心理感觉。

如果一个人总是被善待、被喜爱，犯错的时候也被接纳，能够按照自己的意愿与他人进行交流，就会体验到自我价值感，建立高自尊并在社交中感到自信。即便在生活中遇到一些人际关系上的小挫折，也没有什么大碍。

如果一个人总是被苛责、批评、排斥，就会形成低自尊，难以建立自信。将来在与他人交往时，也会对自己的被认可程度、能力和吸引力感到不自信，总担心别人会如何看待自己、回应自己，焦虑感就是在自我怀疑的基础上产生的。

研究普遍发现：与低自尊群体相比，高自尊群体的心态更乐观，对生活的满意度更高，有更强的心理韧性。不过，低自尊群体也不是一无是处，他们更容易理解他人的需求，为了做好一件事提前努力，这在很多场合也是受欢迎的品质。总之，把握好自尊的"度"，拥有恰到好处的自尊，才能不卑不亢地生活，做更好的自己。

自尊不只有高和低的维度，还有稳定与脆弱的维度。在高自尊群体中，也有一些人的自尊并不是很稳定，需要凭借成就与外界的认可来维系。他们通常比较敏感，防御性也很强。对此，美国佐治亚大学心理学家迈克尔·克尼斯将其称为"脆弱高自尊"。

在社会交往中，你可能遇到过这样的人：他们处处争强好胜，总是想比其他人表现得更优越，来凸显自己的与众不同；他们很在意权威者的评价，以及周围人对自己的态度；稍有不慎，就可能会触及他们脆弱敏感的自尊，引出一番争论。

知识点

真正的高自尊者，拥有稳定的内在自我，对自我价值的判断始终如一，不会随着外界的变化轻易产生自我怀疑。脆弱的高自尊者，追求的是金钱、成就、他人的赞赏，只有

社会心理学与生活

> 表现得比别人更优秀、备受关注,他们才会觉得自己是一个有价值的人。

脆弱高自尊者的自尊是有条件且不稳定的,外在条件的变化会使其自尊产生严重的起伏波动,一旦被人忽视,自尊就会跌落谷底。他们做不到客观地评价自我,只会盯着并放大自身的优点,不愿面对也接受不了自身的不足。外在高傲得不可一世的他们,内在是脆弱无比的,他们不想承认自己内在的低自尊,故而才会拼命地追求名利地位,寻求外部的认可。

心理学家研究发现,自尊建立在外部因素(如美貌、财富、名利等)上的人,比建立在内部因素(如美德、才能)上的人,自我价值感更脆弱。如果想通过提高外在条件来提高自尊水平,更容易体验到挫折和压力,而无法享受行动过程中的快乐。

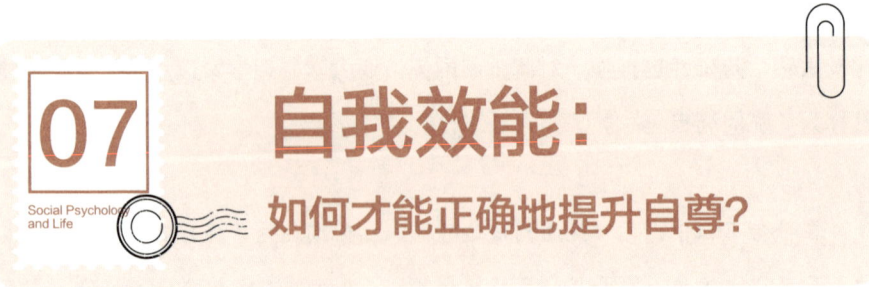

07 自我效能:
如何才能正确地提升自尊?

自尊是人们对自我价值的评价与感受,拥有真实的、稳定的高自尊者,可以理性地倾听他人的评价,充满弹性地应对生活中的挑战。但遗憾的是,并不是所有人都能够抵达这样的状态。在遇到一些特殊的社会情境时,比如在社会比较中发现自己不如身边的人,或是遭到了社会拒绝,许多人就会感觉自尊受

到了威胁，并产生焦虑的情绪。为了缓解这种焦虑，人们就会本能地启动一些防御机制，以免在意识层面产生痛苦的情绪或想法。

为了维护自尊，人们通常会采用三种心理防御机制：

（1）回避退缩——为了避免失败，索性不去尝试；
（2）沉溺幻想——想象成功场景，暂时维持高自尊；
（3）补偿机制——学习成绩不好，靠打游戏获得成就感。

偶尔动用一下这些防御机制没什么问题，毕竟人都有趋乐避苦的天性。真正可怕的是过度依赖这些机制，因为它们无法帮助我们从根本上提升自尊，沉溺于暂时的、虚幻的安全感中，会失去行动的力量和个人成长的机会。

美国心理学家纳撒尼尔·布兰登在《自尊的六大支柱》中指出，自尊涉及两个方面，一是自我尊重，二是自我效能，这也是提升自尊的着力点。

自我尊重不难理解，就是对自我价值的肯定，对自己的生存与幸福权利保持肯定的态度，认为自己值得拥有幸福。自尊的前提是接纳，肯定自己的

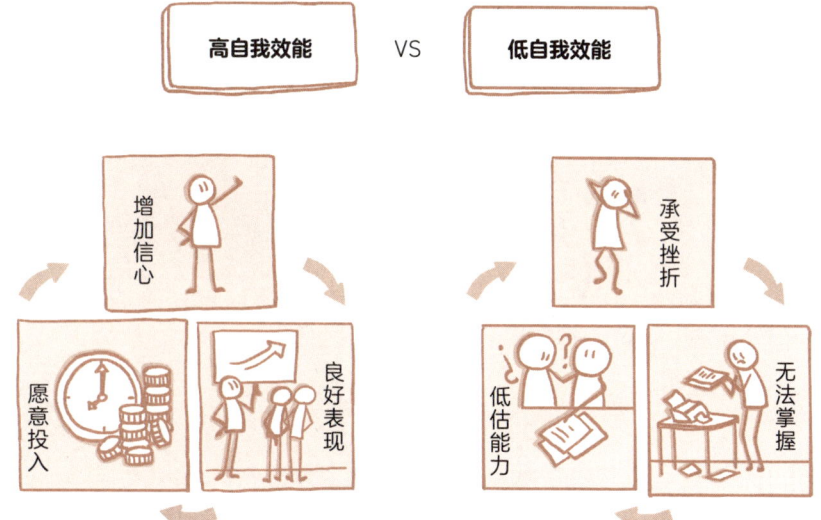

长处,同时接纳自己的不足,不对缺陷给予否定的评判,毕竟世间没有完美的人。

那么,自我效能感是指什么呢?

社会学习理论的创始人阿尔伯特·班杜拉认为,自我效能感是指个体对自己是否有能力完成某一行为所进行的推测与判断,是个体对自己在具体活动中的能力所持有的信念。

班杜拉认为,人必须有一种高自我效能感,才能应对人生中不可避免的艰难困阻。简单来说,就是相信自己有能力做好一些事,这一信念会促使我们付诸行动,并在面对困难时有较强的意志力,积极努力地寻求解决方案,而不是反复认为自己能力不足。

下面有几条提升自我效能感的小建议,可供参考:

(1)设立合理的目标,从小到大、从简到难,重复成功的体验;
(2)树立榜样激励自己,学习好的思维方式和行为,助力自身成长;
(3)寻找社会支持,正向的鼓励和评价可以促进自我效能感的提升;
(4)保持良好的生理和情绪状态,更容易对未来有好的预期。

CHAPTER 02

你确定完全了解自己吗？

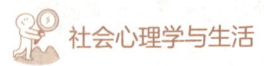

01 认知失调：吃不着葡萄，为何说葡萄酸？

狐狸经过葡萄园，看着鲜美多汁的葡萄，不禁停住了脚步。饥肠辘辘的它很想吃葡萄，但跳了半天怎么也够不着。无奈的狐狸只好放弃，离开葡萄园的时候气呼呼地说："这葡萄肯定是酸的，就算摘到了也没法吃。"

葡萄到底酸不酸呢？当然不酸。故事的后续告诉我们：正准备摘葡萄的孔雀信了狐狸的话，把这件事告诉准备摘葡萄的长颈鹿，长颈鹿又告诉了树上的猴子。结果，猴子说："我每天都吃这儿的葡萄，甜着呢！"说完，就摘了一串吃了起来。

生活中，你有过和狐狸一样的想法吗？

明明很想买一栋房子、一辆车，却因资金不足无法实现，就安慰自己："买房子还得背负贷款，买车还得保养，不买反倒省心，过得更轻松呢！"

公司里正在竞聘，担心自己会落选，就安慰自己说："爬那么高有什么用呢？爬得越高，摔得越惨。安心做好本职工作，到点上下班，不也挺好吗？"

为什么吃不着葡萄的时候，我们总是习惯性地说葡萄酸呢？

 1959年，美国心理学家利昂·费斯汀格提出了认知失调理论，即当两种想法或信念（认知）在心理上不一致时，我们会陷入一紧张的状态（失调），为了减少这种不愉快的感受，我们会自发地调整自己的想法。

每个人都倾向于给他人留下一个好印象，为自己带来社会与物质上的回报，保持自我感觉良好的状态。为此，我们通常会表现出与自身行为一致的态度。然而，生活中总有一些东西是求而不得的，当行为与态度产生矛盾时，就会感觉到失调。为了减少不愉快的感觉体验，重新达到心理平衡的状态，我们就会改变自己对某件事的解释和态度，试图降低目标的诱惑性，或是转移自己的注意力，来缓解认知失调带来的不适。

当然，也有人不说"葡萄酸"，而是说"柠檬甜"。我们都知道，柠檬是酸涩的，可对于自己拥有的东西，哪怕知道它不好，也要把它说成好的，以此来补偿内心的落差感。这两种说法其实都是心理防御机制，用"合理化"的理由来维持内心的平衡状态。

02 习得性无助：你认为命运由谁来掌控？

自我效能感有两个衡量指标，一个是水平的高低，另一个是归因的内外部控制点。

知识点 控制点,是指个体认为自己能够控制自己的生活事件的程度。

拥有内部控制点的个体认为,发生在他们身上的事情是自身行为和努力所致;拥有外部控制点的个人认为,发生在他们身上的事情是机会、运气和外部力量所致。

1998年,心理学家通过100多项研究发现,自我效能可以有效预测工人的生产力。当出现问题时,自我效能感较高的工人心态比较平和,会积极地解决问题;自我效能感较低的工人则会反复强调,问题出现的原因是自身能力不足。

在社会认知中,控制点非常重要。如果一个人倾向于认为命运是由自己来掌控的,他会通过努力去应对各种挑战,不断地积累成功,这正是自我效能的来源;反之,如果一个人倾向于认为是外部力量决定了自己的命运,他会认为努力毫无意义,不自觉地按照预言行事,最终令预言发生。久而久之,就会陷入"习得性无助"的怪圈。

知识点 "习得性无助"是美国心理学家塞利格曼1967年在研究动物时提出的,即因为重复的失败或惩罚而造成的听任摆布的消极认知和行为。

塞利格曼最开始用狗进行了一项实验:起初,把狗关在笼子里,只要蜂鸣器一响,就施以难受的电击,狗被关在笼子里逃避不了电击。多次实验后,蜂鸣器一响,在施加电击前,先把笼门打开,此时狗不但不逃跑,甚至没等电击

出现，就倒在地上开始呻吟和颤抖，原本可以主动逃跑的它，绝望地等待着痛苦的降临。

1975年，塞利格曼以一群大学生为受试者，结果也有相同的发现。他将这些大学生随机分成三组：给第一组学生听一种噪音，他们无论如何都不能让噪音停止；给第二组学生也听这种噪音，但他们可以通过努力使噪音停止；第三组学生是对照组，不听噪音。

当受试者在各自的条件下进行一段时间的实验后，再要求他们进行另外一种实验。这个实验的装置是一只"手指穿梭箱"，当受试者把手指放在穿梭箱的一侧时，就会听到一种强烈的噪音，而放在另一侧时则不会出现这种噪音。

实验结果显示：在原来的实验中，能够通过自身努力使噪音停止的受试者，以及没有听噪音的对照组受试者，他们在"手指穿梭箱"的实验中，学会了把手指移到箱子的另一侧，使噪音停止。然而，第二组受试者，就是在原来的实验中无论如何都无法让噪音停止的受试者，他们任由刺耳的噪音拼命地响，也不把手指移动到箱子的另一侧。

为了证明习得性无助会对日后的学习产生消极影响，塞利格曼又进行了另外一项实验：他要求学生把打乱顺序的字母排列成字，如ISOENDERRO，可以排成NOISE和ORDER。学生想要完成这项任务，需要掌握34251这一排列规律。实验结果表明，原来实验中产生无助感的第二组受试者，完成这一任务很困难。

通过实验不难看出：当一个人面对不可控的情境时，若认识到无论怎样努力，都无法改变不可避免的结果，就会产生放弃努力的消极认知和行为，表现出无助、无望和消沉等负面情绪。同时，习得性无助会进一步恶化当事人的身心状态，影响他的理性判断和学习能力。

人在对自己进行认识、了解的过程中，很容易受到外界的影响，从而在自我认知上出现偏差。习得性无助就是一种错觉，是过去的一些挫折或失败让人对自己当前和未来的能力产生了怀疑和否认。不要被这种错觉困住，过去的失败不代表将来也无法成功，我们比想象中要强大得多，都有无限的潜能与成长的空间。

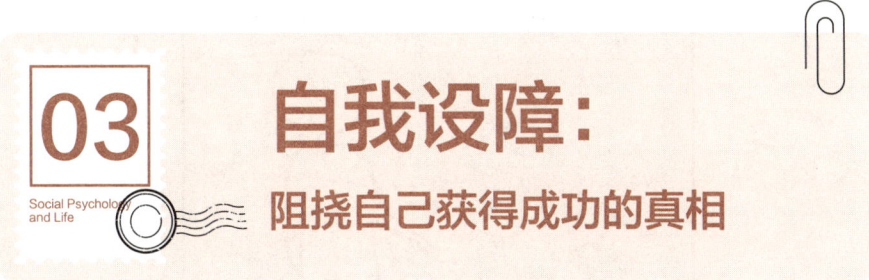

03 自我设障：阻挠自己获得成功的真相

《圣经》里有这样一个匪夷所思的故事：

先知约拿奉上帝之命，前往尼尼微城传信息。这是一项难得的使命和荣誉，也是约拿一直以来向往的。然而，当他完成了这项使命，看到荣誉摆在自己面前时，却感到了恐惧。于是，约拿把自己隐藏起来，不让别人纪念他，并认为自己所做的事是不得已的，是承蒙神的恩典才完成的，名不副实。他想借助这样的方式，把众人的目光引到神那里去。

明明很渴望机遇，却在机遇到来的那一刻，选择了退缩与逃避。其实，这样的情节不只存在于故事中，现实生活中几乎每天都有人在重复与之雷同的情景。

原本有资历争取到中层管理者的职位，却在竞聘会来临之际，主动放弃了竞选；明知道次日要面试，却跟朋友喝酒到深夜，致使第二天早晨睡过头，错

社会心理学与生活

过了面试的时间；眼看就要大考了，却把书本抛到脑后，疯狂地刷视频、打游戏……听起来似乎有些矛盾，明知道自己想要什么、该做什么，为何要背道而驰呢？

自我设障

知识点 | 个体为了回避或降低不佳表现所带来的负面影响，故而采取任何能够使失败原因外化的行为和选择，这种做法叫作"自我设障"，也叫"自我妨碍"。

　　自我设障不是一种故意破坏自我的行为，恰恰相反，它的真实目的是实现自我保护。有研究者指出，高自尊者采取自我设障可以提高其成功的价值，低自尊者采用该策略可以避免失败对其自尊造成威胁。

　　成功的经验会增强自我效能感，反复的失败会降低自我效能感。当自我形象与行为表现紧密相关时，"全力以赴却失败了"比"因为其他原因而失败"更令人沮丧和泄气。如果主动给自己设置障碍，把有可能会发生的失败归于一些暂时的或外部的因素，而不是自身的能力不足，就可以保护自己的自尊和形象。倘若在设置障碍的情况下，我们仍然把事情做成了，那正好可以提升自我形象。

在现实生活中，人们经常会用以下几种方式来进行自我设障：

（1）减少对重要赛事的准备工作；
（2）为对手提供一些有利的条件；
（3）在任务初始阶段敷衍懈怠，以免对自己产生过高的期望；
（4）在关乎自我形象的困难任务中不付诸全力。

尽管自我设障可以减少失败对自身的负面影响，但也只能在短时间内发挥作用。从长远来看，这并不是一个成功的自我管理方式。研究发现，习惯性采取自我设障的个体，心理调节能力较差，在面对挑战时更容易拖延和退缩，降低未来成功的可能性。

04 信念固着：
你是否做了思维的囚徒？

每个人在观察和解释世界时都戴着一副"有色眼镜"，我们并不是如实地对现实进行反应，而是根据我们对现实的建构做出反应。换句话说，我们是通过自己的信念来解释其他事物的，它会影响我们对其他所有相关信息的知觉。然而，信念不一定都是正确的，如果坚守的信念是错误的，会发生什么呢？

知识点

一旦人们为错误的信息建立了理论基础，就很难再让他们否定这条错误的信息，俗称"先入为主"。人们越是极力地证明自己的理论和解释是正确的，就越会忽略那些挑战自己理论的信息证据。这种现象被称为"信念固着"，它证明了信念可以独立存在，且当支持它的证据被否定时仍然可以存活下来。

心理学家李·罗斯与克雷格·安德森对信念固着进行过实验：先给被试灌输一种信念，即直接宣称某个结论是正确的，或向被试出示轶事式的证据，然后要求被试解释为什么该结论是正确的。之后，研究者告诉被试，最初向他们传递的那个结论是假的，并且提供相反的信息，以此来否定最初的结论。可是，实验结果显示，只有25%的人接受了新结论，大部分的人仍然坚持他们已经接受的那个结论。

莎士比亚在《特洛埃围城记》说过："我们眼里的错误引导着我们的心灵，错误导致的必定是错误。"这句话就是对信念固着的一种诠释。

认识到信念固着现象的存在，也就不难理解为什么生活中会有那么多"老顽固"了。他们为错误的信念建立了自己的一套解释方法，掉进了"先入为主"的思维陷阱，无论你怎样摆事实、讲道理，都很难让他们否定这种错误信念。

也许你会问，难道就没有什么办法能够纠正人们的信念固着吗？

唯一的办法就是，让当事人转换立场，解释相反的观点，询问自己——"如果我是一个持相反观点的人，我该如何论证自己的观点？"其实，不只是对相反观点的解释，对各种可能结果的解释都会促使当事人思考各种不同的可能性，降低信念固着。

05 虚假普遍性：认为别人会像自己一样思考行事

美国心理学家罗斯的团队做过一个"广告牌实验"：

在学校里询问一些学生，是否愿意在胸前和背后挂上一个广告牌在校内进行宣传？在知晓学生的意向后，再请他们猜测其他同学是否会同意。结果显示：当某位学生自己愿意时，会认为其他同学也愿意；相反，当某位学生自己不愿意时，会认为其他同学也不愿意。

这个实验揭示了一个常见的现象：人们在生活中经常会"以己度人"，下意识地认为自己的想法是普遍且适当的，就算这些想法可能是错的，人们仍然会觉得"我的想法（做法）没错，换成别人也会这样想（这么做）"，以此将自己的错误想法正当化，劝说其他人认同自己的想法和行为。这种现象在社会心理学中被称为"虚假普遍性"。

> **知识点**：虚假普遍性，是指人们为了提升自我形象，常常把自己的特性归属到他人身上，高估或夸大自己的信念、判断及行为的普遍性，过高地估计他人对自己观点、行为的认可度。

正如心理学家塔尔玛德所说："我们并不是客观地看待事物，而是总是从我们自己的角度出发来看待事物。"那么，这种虚假普遍性的认知偏差是怎么产生的呢？

人们在进行判断时需要借助一些信息来进行分析，而最容易获取的信息莫过于自己头脑中的想法。所以，人们很容易将自己的想法作为重要线索对他人进行分析，从而得出"别人和自己一样"的结论。

虚假普遍性
不要活在自己的世界里。

06 虚假独特性：
总觉得自己比别人更优越

人的心理很复杂，同时也很有趣：失误犯错的时候，总觉得这种错误人人都会犯，没什么大不了；做出成绩的时候，却觉得自己很了不起，不是谁都有这样的才智和能力。其实，这两种想法都属于认知偏差，前一种叫虚假普遍性，后一种叫虚假独特性。

> **知识点**　虚假独特性，是指人们倾向于认为自己的品德、智慧、才气是独一无二的，别人都不如自己。

在做投资决策时，人们的虚假独特性往往会表现得更为明显，经常高估自己、低估庄家和他人，觉得自己肯定不是最后一个接盘的人，不可能被套牢。大量的事实证明，许多投资决策者的能力都比想象中低很多，只是他们被贪欲冲昏了头脑，被虚假独特性蒙蔽了心智，最后惨遭败局。

人们总是不知不觉地在"虚假普遍性"和"虚假独特性"之间徘徊，不是"高估"自己，就是"低估"别人，扭曲事实真相。自信固然重要，但这两种现象也提示我们，不要盲目地高估自己的想法和能力，一定要获取足够多的信息和事实，再作判断和决策。

CHAPTER 03

为什么越无知的人越自信？

01 规划谬误：
拖延往往就是这样产生的

吉尔伯特在《撞上快乐》中说："对于那些使我们幸福的事，我们通常是一个蹩脚的预言家。"的确，与我们生活的世界相比，我们对自己头脑中的世界知之甚少。

正在着手毕业论文的凯丽，预测自己用两个月的时间就可以完成初稿。结果，两个月过去了，她连资料都没有看完，更别说写了。

刚接到新任务时，小林信心满满，觉得凭借自己十年的工作经验，两天就能把草图做好。结果，真的开始做了才发现，这任务没有想象中那么简单，一周的时间都未必能做好。

决意攒钱的素素，给自己定了一个目标，用两个月的时间攒下5000元。本以为缩衣节食就能实现，不承想两个月之后，她的信用卡还透支了1000元。

……

无论是学生处理课业，还是职场人处理工作，或是工薪族攒钱理财，都经常会遇到无法按时完成任务的情况。为什么明明觉得自己可以在规定时间内做好，结果却总是发现事情没有想象中那么顺利，最终沦为"蹩脚的预言家"呢？

> **知识点** 心理学家丹尼尔·卡尼曼与阿莫斯·特沃斯基研究发现，人们在估计未来任务的完成时间时，经常会低估任务的难度或是完成所需的时间，这种现象叫作"规划谬误"。

研究表明，个体无论是在学业任务上，还是在日常生活中，规划谬误都是普遍存在的，其预估错误的概率在20%~50%。这种现象与人格特质无关，也不只存在于个人身上，群体在协商估计任务的完成时间时，同样也存在类似的问题：波士顿的"大开挖"城市交通道路改造项目，原本设想用5年时间完成，实际上却用了16年；悉尼歌剧院预计在4年内完成，实际上却花了14年！

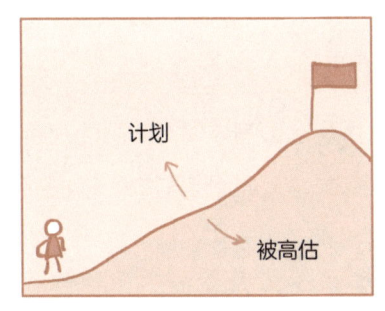

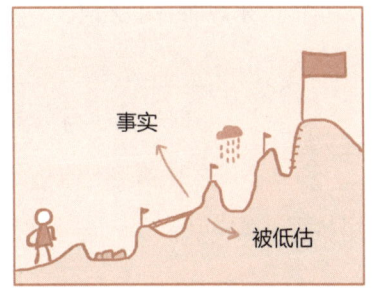

我们之所以会预测错误，很大程度上是因为记错了之前完成实际任务花费的时间。所以，要减少规划谬误的发生，最好的办法就是——参考过去在相似情境下的行为花费了多少时间。这也提醒我们，平时进行任务或做某件事情的过程中，不妨准确地记录一下所用时间，以便将来作为参照数据。

02 盲目乐观：过度乐观不是一件好事儿

规划谬误是一种认知错觉，其主要原因是人们倾向于从更加乐观的角度看待自身以及周围世界的发展和未来完成情况。心理学家迈克尔·施莱尔与查尔斯·卡弗穷尽一生都在研究乐观，他们早已给出过忠告："太过乐观也会有消极影响，可能因乐观而一事无成。"

> **知识点**
> 心理学家认为，盲目乐观会影响人们对未来的判断，让人不去采取必要的预防措施，从而给自身带来不利的后果。

有一项针对22种文化下的9万多人的研究显示，多数人对事物的看法倾向于乐观，而非悲观。2000年的一项调查研究显示，50%左右的高中毕业生相信自己可以拿到研究生学历，而实际做到的只有9%；在2008年全球性金融危机的背景下，研究者在世界范围内进行了一项民意调查，结果显示：大多数人预期未来5年，自己的生活会比过去的5年更好。

心理学教授加布里埃尔·厄廷根指出，积极思维在某些时候的确可以激发人们的行动，但它并不总是有效的。在与以往经历脱离的情况下，乐观的幻想、梦想、希望，可能会成为行动的阻力。像写论文、做设计图、攒钱理财等事宜，需要花费的时间远比想象中要长，但人们习惯了通过回忆去预测未来，而回忆又会自动把完成任务花费的时间缩短，屏蔽掉过程中的诸多阻碍与艰辛。一旦人们真的开始执行，真实的困难就会涌现，且必须花费一定的时间才能解决，致使原本预测的时间严重不足。

要避免盲目乐观，需要启用现实法则，在寻找最好路径实现自己的目标之时，必须直面事实。现实法则的启动，标志着我们摒弃了幼稚与冲动，能够切实地认识到达成目标要付出怎样的代价。这就要求我们必须预估，哪里会出问题，以及如何避免或解决这些问题。

03 情感预测偏差：
准确预测未来的感受很困难

回想一下，你在过往的生活中是否有过这样的体验：

热恋之时，你就是我今生的挚爱，不会再有人能闯进我的心扉。
结婚以后，你只是我生命的一隅，不能所有时间都围绕着你转。
喝酒之时，咱俩是兄弟，需要的时候告诉我，我必然鼎力相助。
遇事之时，我能力有限，给不了实质上的帮助，只能请你吃顿饭。
亲人在时，我不敢想象，没有您的日子会怎样，我肯定痛不欲生。
亲人离去，我依然想您，只是不再沉溺于悲伤，时间是一剂良药。
……

这样的情形，完全就像苏格兰作家乔治·麦克唐纳所描绘的那样："当一种感觉存在的时候，他们感到它好像永远不会走；当它消失以后，他们感到它好像从未有过；当它回来时，他们感到它好像从未消失。"

面对生命中那些重要的人和重要的决定，我们往往会考虑到未来的感受。有时，我们可以清楚地知道自己会有怎样的感受——考试未通过会感到沮丧，比赛赢得大奖会感到兴奋；可是有些时候，我们往往会错误地预测自己的感受。

知识点 ｜ 情感预测研究显示，人们并不能准确预测未来的情绪状态，尤其是对情绪强度和持续时间的预测，往往会存在较大的偏差。

美国哈佛大学心理学教授丹尼尔·吉尔伯特，是情感预测研究领域的先行者。

1993年前后，吉尔伯特遭遇了一连串的打击：导师和母亲相继离世，婚姻破裂，儿子在学校状况百出。一切看起来都是那么糟糕，似乎永远都不会好起来了。可是，时隔一年，当吉尔伯特与同事兼好友心理学家威尔逊谈起这段经历时，他忽然发现，曾经以为那些遭遇会把他彻底击垮，可事实证明一切并没有预想得那么糟糕。这一现象激发了吉尔伯特和威尔逊的研究兴趣，他们共同创立了"情感预测"的概念，并对此展开了深入的研究。

情感预测偏差研究显示，无论是好事还是坏事，人们都会高估它们对自己幸福感的影响。实际上，我们所关注的那些事情，不会带来想象中那样大的改变。我们会因为现实中的一些挫败或悲惨遭遇而感到痛苦，但吉尔伯特和威尔逊已经通过研究证实：重大的消极事件可以激活人的心理免疫系统，所引发的痛苦持续的时间反而更短。

换句话说，不要小看自己的心理免疫系统（包括合理化策略、看淡、原谅和限制情绪创伤）的速度和力量，高估丧失、拒绝、挫败等带来的压力和伤害。要知道，我们的内心是有韧性的，它虽然柔软、脆弱、易受伤，但也有强大的恢复力。

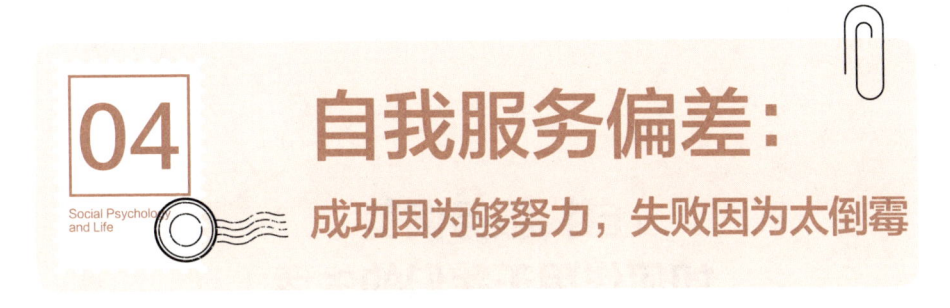

04 自我服务偏差：成功因为够努力，失败因为太倒霉

无论是虚假普遍性，还是虚假独特性，本质上都属于自我服务偏差。

> **知识点**
> 社会心理学家认为，个体在归因过程中，存在明显的自我价值保护倾向，即归因会朝着有利于自我价值确立的方面倾斜。这种过分强调自己对成功的贡献，尽量缩小自己对失败负有的责任，不能客观地评价自己得失的行为被称为"自我服务偏差"。

美国专栏作者戴夫·巴里曾说："无论年龄、性别、信仰、经济地位或种族有多么不同，有一件东西是所有人都有的，那就是每个人的内心深处都相信，自己比普通人要强。"

当人们在加工与自我有关的信息时，为了追求一种积极的自我概念，常常会出现一种知觉偏差，倾向于认为自己各方面的表现都要高于平均水平。

在一项针对澳大利亚人的调查中，有86%的人认为自己的工作业绩高于平均水平，只有1%的人认为自己在平均水平线之下。多数人的自我感觉都是良

自我服务偏差如何作用于我们的生活

成功归因努力，失败归因运气。
我数学考试得满分是因为我学习用功，而英语不及格是因为运气差。

与他人相比，认为自己更好。
我比弟弟在运动方面表现得更好。

盲目乐观主义。
即使有近50%的学生无法升入高中，但我仍然相信我能顺利升学。

虚假的普遍性。
我只是犯了一个人人都会犯错的错误。

好的，哪怕是一个低自尊的人，给自己打分也偏向于中等水平。

受自我服务偏差的影响，人们在看待成败的问题时，总是倾向于把好的结果归因于自己，而把坏的结果归因于外部。比如，企业管理者通常会把利润的增加归功于自己的管理能力，却把利润下滑归咎于经济不景气、员工不够努力、错过了好的机遇等，而不会认为是自己的管理方式、管理能力存在问题。

自我服务偏差的存在，可能会导致人们无法客观地看待自己，看清问题的根源，导致决策失误。不过，这种现象之所以一直存在，也从侧面说明它对人类的生存是有价值的。

心理学家奥尔森与罗斯指出，将成功归因于内部，将失败归因于外部，可以增强人们的自我价值感，避免因为自己做得不好而感觉不快；心理学家格林伯格认为，良好的自我感觉和安全感可以消除人们对死亡的恐惧；社会心理学家戴维·迈尔斯则说："认为自己比真实中的自我更聪明、更强大、更成功，这也许是一种有利的策略……对自我的积极信念，同样会激发我们去努力，并在困境中保持希望。"

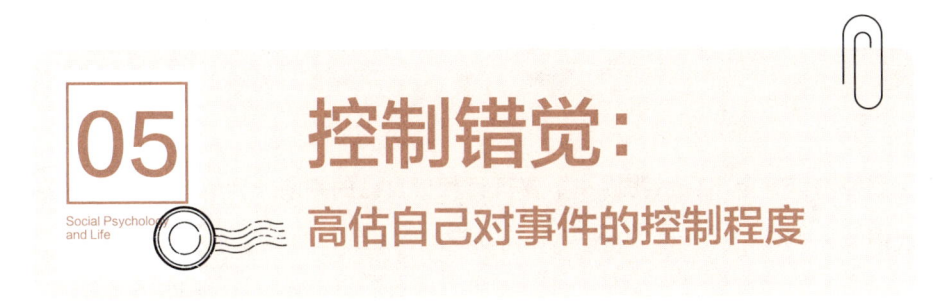

05 控制错觉：高估自己对事件的控制程度

买彩票的时候，总觉得自己选的号码比机选号码中奖率更高；赌博的时候，明明牌已经发好了，不可能改变了，赌徒却还是一个劲儿地搓手，试图

"搓出好运"；过人行道的时候，按下绿灯按钮，感觉可以缩短等灯的时间……这些做法真的有用吗？

人们之所以会做出上述举动，是因为喜欢对事物有所掌控的感觉。可惜，很多时候人们高估了自己对事情的掌控程度，低估了不可控因素在事件发展过程及其结果上的作用。

> **知识点**　美国心理学家埃伦·兰格在1975年提出了"控制错觉"的概念，即高估自己对外在事情的影响力，认为事情是受自己控制或影响的，但其实可能与自己毫无关系的认知偏差。

兰格认为，日常生活中的情境可以分为两类，一种叫技能，一种叫机会。

在技能情境中，个体的行为与结果是相关的；但在机会情境中，行为与结果是无关的。但是，当机会情境中出现了一些与技能情境相似的特征时，比如竞争性、选择性、熟悉度、卷入程度等，个体就会忽视概率原理，倾向于把结果的出现归结于自身的天赋及习得的技能，认为自己可以控制结果，产生控制错觉。

控制错觉定律提示我们，不要盲目相信自己的判断，要客观分析问题的成因。

06 达克效应：
认识到自己无知，需要相当程度的知识

皮特·贝弗林在《探索智慧：从达尔文到芒格》里写道："大多数人对自己的认识都是能力不凡、诚实且富有智慧，前途一片光明且婚姻美满幸福，比一般人更坚强，等等。但是，我们不可能每件事都做到超越平均水平。"

1995年，一个名叫麦克阿瑟·惠勒的中年男人在光天化日之下抢劫了匹兹堡的两家银行，他没有戴面具，也没做任何伪装，甚至在走出银行之前还冲着监控微笑。很快，警方就把惠勒逮捕了。在回看监控录像时，惠勒难以置信地说："我明明涂了柠檬汁呀！"

原来，惠勒了解到，用柠檬汁写下的字迹只有在接触热源的时候才会显现。他突发奇想，如果把柠檬汁涂抹在皮肤上，那么只要不靠近热源，不就可以"隐形"了吗？结果，他就这么做了，闹出了上面的一幕笑话。

这个故事引起了康奈尔大学心理学家大卫·邓宁的注意，他和研究生贾斯汀·克鲁格决意研究这一现象，并提出了著名的"达克效应"，亦称"邓宁—克鲁格效应"。

达克效应揭示，人在认知层面分为四个层次：

（1）愚昧山峰：不知道自己不知道；

（2）绝望之谷：知道自己不知道；

（3）开悟之坡：知道自己知道；

（4）平稳高原：不知道自己知道。

> **知识点** 达克效应揭示，越是知识丰富的人越能意识到自己的不足，也越能发现、承认和学习别人的优点；越是无知的人，越是倾向于高估自己的水平，无法正确地、客观地评价事物，更无法认识到自己本身能力的不足。

达克效应是一种认知偏差，在生活中随处可见。特别是那些不屑于学习和

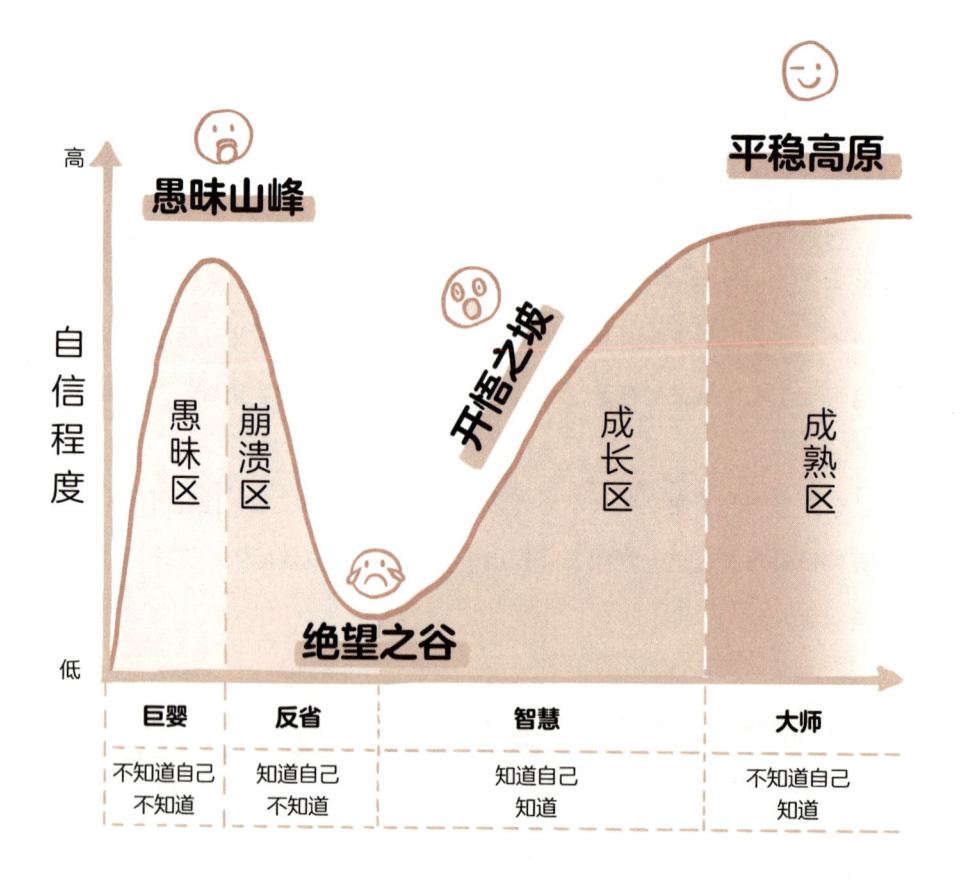

	巨婴	反省	智慧	大师
	不知道自己 不知道	知道自己 不知道	知道自己 知道	不知道自己 知道

（图示：自信程度曲线——愚昧山峰（愚昧区、崩溃区）→ 绝望之谷 → 开悟之坡（成长区）→ 平稳高原（成熟区））

上进的人，往往有一种令人费解的"迷之自信"和"莫名的优越感"，实际上这是一种过度自信的表现。正如邓宁和克鲁格所言，对能力的认识也是需要能力的。无知的人根本就不知道自己欠缺某一种能力，所以他们总是自我感觉良好。

过度自信的思维方式是危险的，容易让人把分析简单化，从而做出错误的、愚蠢的行为，并付出高昂的代价。为了避免过度自信，我们要向可靠的人寻求即时反馈，清晰的反馈信息可以帮助我们及时纠正偏差，建立正确的评估体系；同时设想自己的判断可能出错的原因，迫使自己考虑无法证实自己信念的信息；另外就是要多读书，拓展自己的知识边界。

CHAPTER 04

是什么让人选择"随大流"?

01 从众效应：
你会坚持自己的判断吗？

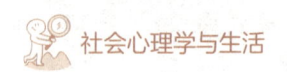

社会心理学家所罗门·阿希在1951年设计了一个著名的心理实验：

参与实验的被试被分成7人一组，围坐在一张桌子旁。研究者每次向他们展示两张卡片，其中一张卡片上有1条竖直的黑线（标准线），另一张卡片上有3条长度不等的竖直黑线（比较线），其中1条比较线的长度与标准线完全相同，而另外2条线的长度与标准线不同。7名被试依次回答，3条比较线（A、B或C）中的哪一条与标准线的长度相同？

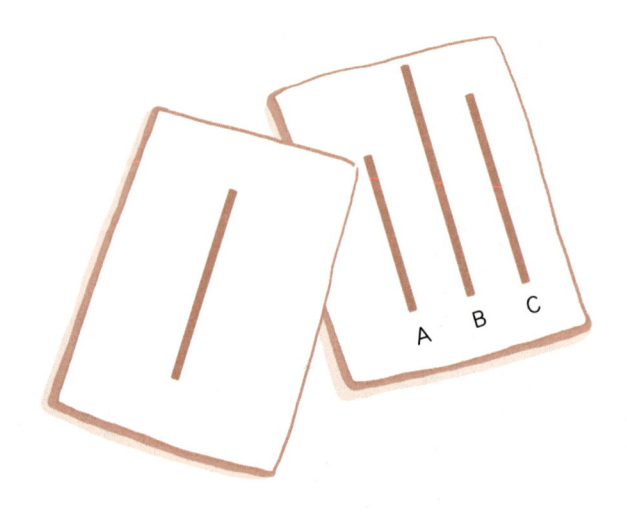

在正常情况下，99%的人都能选出正确答案，因为太明显了！可是，实验中的情况有些特殊，因为每组的7位被试中只有第6位是真被试，其他

6人都是事先接受过培训的实验助手，要求在回答问题时给出一致的错误答案。

你认为，被试在这项实验中选择正确答案的概率是多少？

在18次选择中，实验助手有12次故意出错，实验结果显示：被试们最终的正确率是63.2%，有75%的被试至少有一次选择了与实验助手相同的错误答案，有5%的人从头至尾都选择了与实验助手一致的错误答案，只有25%的被试一直坚持自己的观点，即正确答案。

知识点：阿希的实验揭示了一个事实，个体的行动会受到他人行动的影响。当个体受到群体的影响，怀疑并改变自己的观点、判断和行为，朝着与群体大多数人一致的方向变化，这种现象在社会心理学中被称为"从众效应"。

多数人都认为，从众扼杀了个人的独立意识和判断力，百害而无一利。其实，这种说法太过偏激，并未客观地阐释从众的影响。从众具有两重性，消极的一面是会束缚思维、扼杀创造力，让人变得没有主见；积极的一面是可以克服固执己见、过度自信，修正自己的思维方式。所以，我们要辩证地看待"从众"，慎重考虑多数人的意见和做法，保持独立思考的能力，基于理性和事实来作决策。

02 易受暗示性：
人们对现实的看法未必是自己的观点

美国西北大学的心理学家雅各布斯与坎贝尔，在实验室里研究了错误信念的传递过程：

利用似动现象，研究者让助手夸张地估计光点的移动距离。紧接着，助手离开实验室，让真正的被试开始实验，继续估计光点的移动距离，以此类推。虽然这种夸张的错觉在逐渐减少，但依然持续到了第5名被试。这些被试在不知情的情况下传递着"错误文化"。

> **知识点**
>
> 人们对现实的看法未必都是自己的观点，也可能是群体的看法，或者是群体中某个人的看法。因为人类有易受暗示性，会不自觉地受到周围人的影响，从而形成一个群体规范，哪怕这个规范是错的。

现实生活中，人的易受暗示性很常见，也很有趣。比如，当身边人都很开心时，我们也会感觉很愉快；当身边人难过时，我们也会不自觉地跟他们产生类似的心境。不仅如此，同一个社会团体或群体中的人，也很容易拥有相似的心境，这种现象被英国谢菲尔德大学心理学教授彼得·托特德尔称为"心境联结"。

不仅如此，就连咳嗽、打哈欠这些行为，也和笑声一样具有传染性。心理学家罗伯特·普罗维尼让被试看一段5分钟的视频，视频中一位男子在不停地打哈欠，实验结果显示：有55%的观看者都打哈欠了。因为打哈欠的脸孔就像刺激物，可以激起人们固有的打哈欠行为模式。

美国心理学家沙特朗和巴奇认为，人们在社会交往中存在"变色龙效应"，即个体会无意识地模仿他人的动作，包括打哈欠、表情、口音、情绪、呼吸频率等，这也使得个体在没有明确意图的情况下做出从众行为，而行为本身又反过来影响个体的态度和情感，使其对他人的心境感同身受。

其实，易受暗示性和变色龙效应有时是可以给人带来益处的。根据相似性原则，人们往往更喜欢那些在言行和想法上与自己接近的人。

03 群体压力：
多数人的观点带来的压迫感

作为社会性动物，群体是人类赖以生存的基础，人要在与他人互相帮助的基础上才能不断地发展壮大。在演化的过程中，为了应对危险的环境，人们自发地形成一个个群体，也会因为认同某个群体而成为其中的一员，从而获得较大的生存概率。

尽管我们早已脱离了残酷的原始社会，但是这种对自身所处群体的认同与维护已经深深地烙印在基因中，我们仍然会根据自身的社会属性与生理属性把自己归为不同的群体，以便获得群体的庇护，并在很多时候表现出从众倾向。

所罗门·阿希的从众效应实验生动地说明了人类具有服从群体的倾向。不过，我们也会想到一点，被试未必真的认同大多数人的答案，为什么他们仍然会选择顺从多数人的观点呢？

个人服从集体，少数服从多数，这常是群体活动的一个基本原则。不过，这种对多数意见的服从决定，并非任何情况下都是基于理性判断做出的，在不少场合中，群体压力会导致个体做出错误的判断，形成对多数意见的盲目服从。

> **知识点**
>
> 群体压力，就是群体借助规范的力量形成的一种对成员心理上的强迫力量，以起到对其行为的约束作用。群体压力不是权威命令，并不强制个体改变自己的行为，但它对个体来说，却是一种难以违抗的力量。

当一个人在群体中与多数人的意见产生分歧时，会感受到明显的群体压力。德国传播学者伊丽莎白·诺埃尔-诺伊曼认为，能否适应多数意见是对一个人道德规范和基本价值与社会是否相容的一种"检验"，群体压力和趋同心理产生的原因大致有两点：

（1）信息压力：在通常情况下，人们会认为多数人提供的信息，其正确率要大于少数人，所以个体会对多数人的意见产生较信任的态度。

（2）规范压力：个体想要融入社会，就必须接受大家认可的行为规范；个体希望与群体中的多数意见保持一致，也是出于规范压力，避免因孤立而遭受群体的排斥和拒绝。

群体压力的影响无处不在，基本没有人可以避免。其实，我们不必太在意

自己被群体压力和趋同心理所约束，适当地考虑外界情况、根据他人的表现做判断，是一个人正常的社会化过程，也是快速融入社会的一种方法。只是，对于大多数人的意见不要盲目追随，要保持独立思考和批判性思维，辩证地看待问题，避免做出错误的从众行为。

04 群体规模：人数越多，从众越明显吗？

阿希认为，人们的从众行为可能与人群数量有关，为此他又进一步设计了实验，分别将被试和1名至多名实验助手组成小组。

当只有被试和实验助手组成的2人小组进行测试时,虽然助手故意回答错误,但被试的最终成绩与单独回答时几乎是一样的;当助手增加到2人时,从众率开始上升;当助手增加到3人时,从众行为稳定在35%左右。之后,再增加实验助手的数量,被试的错误率没有明显变化。

社会心理学家杰拉德等人在1968年进行的阿希式研究,也反映了同样的趋势。我国社会心理学工作者在20世纪80年代所做的阿希式研究,得到的最高从众率是40%,所反映的情况也是在最高从众率出现后,即使一致性的群体规模再大,也不再导致从众率增加。

知识点 在一定范围内,个体产生从众行为的可能性随群体规模的增大而上升。

当只有2名参与者时,彼此之间的意见不一致会被视为正常的人际分歧;增加到3个人时,参与者会认为他们不再是单独的个体,开始感到遵从的压力;当4个人中有3个人都以一致的方式做出某种行为时,另一个人会明显意识到群体规范,为了避免遭受社会排斥和拒绝,很可能会选择与群体一致的行为。此后,群体规模的扩大,已经不会再影响个体对群体规范的判断了,故而从众程度也不会再发生明显的变化。

05 群体一致性：成为唯一的少数派并不容易

假设你参加了一个从众实验，其他人都给出了错误的答案，而你前面的那个人却给出了正确的答案，那么你会不会做出和他一样的选择呢？

阿希在进一步的实验中，让一位实验助手做出不同于多数人的反应。结果，被试的从众行为减少了75%，因为被试拥有了一个"合作者"，从而获得了支持的力量。就算这个实验助手发表的意见和被试并不一样，但只要他和群体的意见不同，就会增强被试的信心，减少偏离恐惧，削弱从众心理。

> **知识点**
> 对社会共识的任何一种形式的破坏，都会降低从众行为的发生。

通常来说，群体的一致性越强，从众的比率越高。反之，一旦群体出现分歧，就会削弱群体的力量，并影响到群体迫使成员从众的力量。如果群体中只有一个人持不同意见，那么他要承受巨大的压力；如果群体中还有一个人持反对意见，那么前者所面临的从众压力就会大大缓解，从而降低从众的比率。

06 群体凝聚力：
越认同某一群体，从众的压力越大

17世纪英国哲学家约翰·洛克在《人类理解论》中写道："一万个人中也难以找到一个人，他能在自己的群体里长期忍受厌恶和谴责，一直坚持己见，不改初衷。"

人们都有与群体保持一致的倾向，个体的行为受制于群体凝聚力，每个人都感觉到"有一股强大的力量迫使自己不要脱离群体"，不要违反规则。

到了年龄就该结婚！

这也不是一定的吧？好吧，是必须的。

> **知识点** 群体凝聚力，是指作用于群体成员使之保持在群体内的力量，是群体发展水平的指标。高凝聚力群体成员表现的心理感受是对群体的认同感、归属感和力量感。

群体凝聚力越高，个体对群体的依附心理越强烈，也越容易对自己所属群体产生强烈的认同感。换句话说，群体的凝聚力越强，成员的从众的压力也越大。如果一个人属于某个高凝聚力的群体，那么他很容易受到该群体观点的影响。比如，在一个种族群体里，人们会感受到一种共同的"归属群体的从众压力"，即衣着、说话、行动都应该像"我们"，如果像"其他群体"那样，就会遭到同伴的嘲笑和排斥。

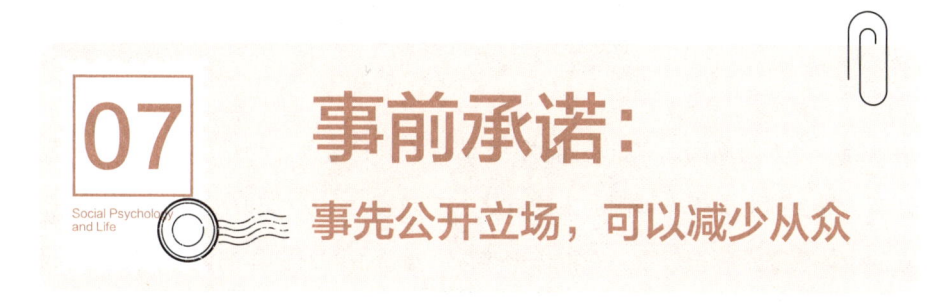

07 事前承诺：
事先公开立场，可以减少从众

恪守承诺是我们从小习得的一种价值观，也是一种为人处世的社会规范。如果言而无信、违背诺言，会招致他人的厌恶与不信任。尤其是在公众场合作出承诺时，这种承诺会对后续的行为产生捆绑效应。那么，这种公开承诺的方式对从众有没有影响呢？

> **知识点** 个体一旦对自己的立场作出了承诺，就很少屈服于社会压力，往往会选择坚持到底。

在马拉松、体操或跳水等比赛中,一旦裁判公开宣布了自己的决定或评分,就算看到其他裁判有不同意见或是与自身评分存在较大差距,他们也很少改变自己的评判。即使他们觉得需要更改自己的答案,至多也是在以后的情境中对成绩评定进行调整。所以,在模拟陪审员做决定时,如果不选择秘密投票,而是公开举手表决,那么通常很难获得一致的裁决。

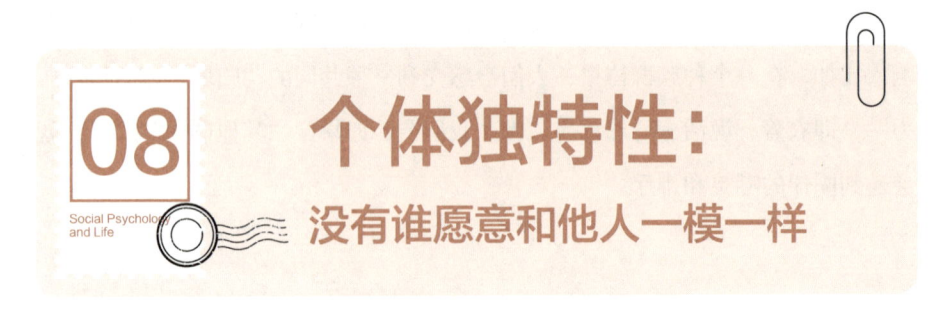

08 个体独特性:
没有谁愿意和他人一模一样

当一个人与周围人完全不同时,很容易遭到社会孤立与排斥。大量的研究证实,社会孤立会极大地削弱人的自尊、控制感、归属感和存在价值感。被孤立的个体感受不到被尊重,在群体中难以寻觅价值和对群体的认同,同时也很难与孤立自己的人直接交流,从而导致控制感的丧失。正是因为有了这种顾虑和担忧,人们在很多情况下会迫于群体压力而选择从众。

这是否意味着,如果一个人完全从众,事事都与周围人一样,就可以活得更舒适呢?显然,事实并不是这样。因为人不仅需要群体归属感和认同感,还需要有适度的独特性。

> **知识点**
> 个体有保持自身独特性的需求,大量的研究证明,人们为了保持自身独特的自我同一性,有时会主动选择不从众。

美国心理学家斯奈德与弗罗姆金开展了一项实验:告诉参加实验的被试,他们的"10个最重要的态度"与其他1万名学生的态度不同,或者与之基本相同。然后,让他们参加一个从众实验。实验结果显示:那些认为自己没有独特性的被试,最有可能选择以不从众的方式维护个人特征;那些"独特性需要"最强烈的个体,受到多数派的影响最小。

耶鲁大学的威廉·麦奎尔教授在研究中发现,当儿童受邀"介绍一下自己"时,他们最有可能提到的是自己独有的特征,比如:"我是在国外出生的""我有着红色的头发""我的体重比同龄人更轻"等。

我们不愿意偏离群体,担心遭到孤立与排斥,但也不愿意与其他人完全一样。我们所渴望的是在符合道德规范的前提下,拥有适度的独特性,以衣着打扮、个人风格来彰显自己的与众不同,甚至是比众人更好。

CHAPTER 05

普通人距离"恶"有多远?

01 人格倾向论：做蠢事的一定是愚蠢之人吗？

人们倾向于通过赋予过错者某种性格特质来解释他们那些令人厌恶的行为，比如，我们常常会听到这样的指责和评判："这个人肯定有精神病""他简直就是一个虐待狂""有些人骨子里就是邪恶的"。这样的思考方式颇能迎合人们的想法，它有助于把做坏事的人与自己所属的"好人"区分开来，每每想到令人厌恶的行为时，这种想法能给人们的内心带去安慰——我们是好人，我们不会做那样的事。社会心理学家将这种现象称为"人格倾向论"。

> **知识点** 人格倾向论基于这样一个假设：做出邪恶举动之人一定具有某种邪恶的人格特质，做愚蠢之事的人一定是愚蠢的，做好事的人一定是善良的。

那么，这样的假设可靠吗？让我们回顾一个现实的案例：

2023年国庆长假期间，在某市举办的"迷笛音乐节"登上了热搜榜，但不是因为音乐，而是因为"盗窃"。许多游客的帐篷以及里面的衣服、纪念手环、电子产品等被当地的村民盗走，甚至有些游客去一趟厕所回来，发现整个帐篷都被人拿走了。还有视频显示，闯入营地的村民，竟然当着游客的面搜刮帐篷里的笔记本电脑等贵重物品。

搜刮、盗窃的行为令人不齿，可我们不禁要问：这些村民真的是"十恶不赦的强盗"吗？显然不是，他们也是现实生活中的普通人，有自己的家庭，为人父母或子女，靠辛苦劳作为生，平时也不会随意偷盗街坊邻里。可是，在"迷笛音乐节"举办期间，面对那些从"外地"赶来的陌生游客，他们就真的做出了明目张胆的偷盗与哄抢之行。

透过"迷笛音乐节"期间发生的物品失窃事件，我们不难看出，人格倾向论的假设太过简单，很容易让人觉得自己在外部压力之下是无懈可击的。殊不知，社会情境对人的想法、感受和行为有着巨大且隐秘的影响，外部压力往往会让我们做出愚蠢的、疯狂的或邪恶的举动。如果不去关注特定情境的性质，只是狭隘地关注人格，我们很难正确地理解人类的行为。

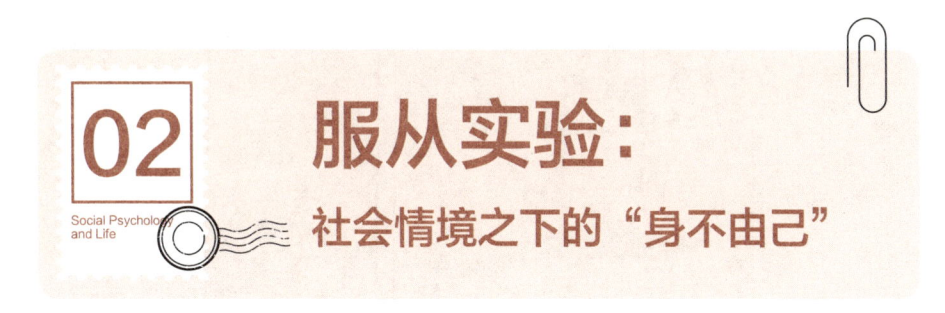

02 服从实验：社会情境之下的"身不由己"

阿希的从众实验中，没有涉及任何明显的从众压力，既不存在"团队合作"的奖励，也不存在针对个体的惩罚，只探讨了日常情境中的从众行为。如果在这样小的压力之下，人们都表现出了从众行为，那么在直接强迫的情况下，又会发生什么呢？

耶鲁大学的社会心理学家斯坦利·米尔格拉姆对这一问题感到好奇，并对此展开了社会心理学历史上"最著名、最具争议、最恶名昭著"的服从实验。

米尔格拉姆测量服从性的方法是：让被试假扮教师，对回答错误的"学生"进行电击惩罚，学生答错的问题越多，施加电击的强度就越大，直至人类所能承受的生理极限。当然，这些回答问题的"学生"都是研究者的实验助手，他们会故意答错问题，根据施加的电击强度模拟痛苦的反应，以便米尔格拉姆观察被试会遵循研究者的命令到什么程度。

其实，在服从实验开始之前，米尔格拉姆也表现出了一定的"人格倾向论"，他认为"很少会有被试实施中等强度的电击，更别说强烈的电击了，只有一小部分'有病'的人才会对他人实施极端强烈的电击"。那么，米尔格拉姆的猜测对不对呢？

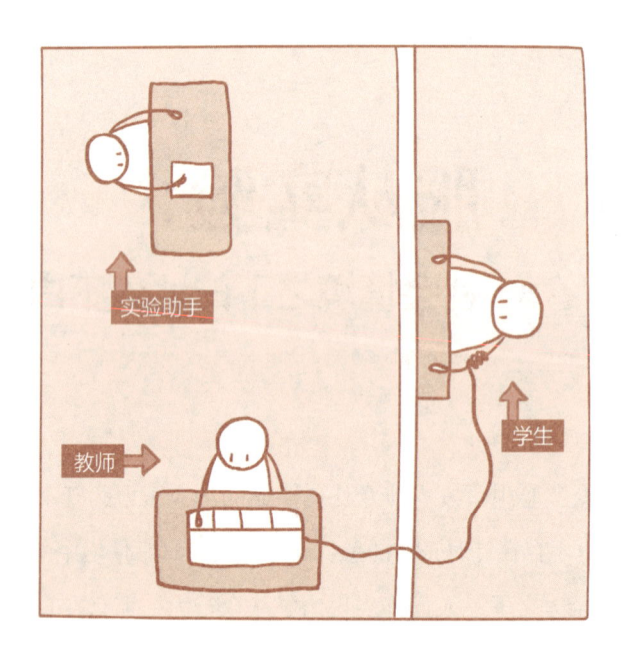

实验开始之初，研究者向"教师"介绍电击仪器。这个仪器上有一长排

开关，每个开关上都标有电压强度的数字，从15伏到450伏，每个开关按15伏的幅度递增。每四个开关为一组，各组下面分别写着"轻微电击""强电击""危险：高强电击"等字样。为了证明电击的真实性，研究员会让被试感受一下15伏的电击，但此后实验中所有的电击都是假的。

在实验过程中，被试提出问题让"学生"回答，每次回答错误，就增加15伏电压对其进行电击。如果被试犹豫，研究者会采用以下四种口头鼓励来让被试继续实验：

鼓励1：请继续下去。

鼓励2：这个实验要求你继续下去。

鼓励3：你继续进行下去是绝对必须的。

鼓励4：你没有其他选择，必须继续下去。

当实验的电压加强到300伏时，"学生"会表现出挣扎、踢打墙壁的声音。在40名被试中，只有5人到300伏时拒绝再提高电压；有4名被试到315伏时，拒绝服从研究者的指示；有2人在330伏时选择停下；在345伏、360伏和375伏停下的人各1名。

总体来说，共有14名被试在不同电击水平上拒绝执行研究者的命令，选择不再继续增加电压，这些人占总数的35%。这也意味着，有65%的被试从始至终一直遵从研究者"请继续"的命令，将实验进行到了最后，把电压增加到450伏！

> **知识点** 米尔格拉姆的实验在社会上引起了轩然大波，而他本人也对实验中被试表现出来的服从程度感到震惊。人们都认为自己是自由的，不易受情境压力的影响，但事实并非如此。

米尔格拉姆的实验结果揭示了情境对行为的影响，同时也引发了对人性的思考：为什么许多人只是因为受到了别人的指令，就选择对无辜的人实施伤害呢？

03 责任转移：
无须承担责任，使人肆无忌惮

社会心理学家在研究服从实验被试的自发评论后发现，被试是否关心"学生"无法预测他们是否会服从命令，预测的关键因素是被试是否需要承担执行的后果。

在米尔格拉姆的实验中，被试之所以给"学生"施加危险的电击，是因为要服从研究者的要求。事实上，米尔格拉姆认为，被试在实验中进入了一种"代理状态"，即把自己当成了研究者的工具，或实验情境下无情按压电击按钮的工具。所以，他们只专注于执行实验任务，不对任务进行任何的思考。当被试询问谁会对此负责时，研究者明确回答："我会负责"，这减少了被试对自己行为应当承担的责任。

> **知识点**　当人们认为造成某种行为的责任不在自己，就会潜意识里发生责任转移，不考虑行为后果，认为自己是"没办法"和"被迫的"，推卸不道德行为中应承担的责任，将其归因于他人。

1945年，美国飞行员保罗·蒂贝茨执行了原子弹轰炸广岛任务，这个任务让数万日本平民当天就失去了生命，而原子弹的危害一直在广岛持续多年。蒂贝茨一生饱受争议，可是对于当年向日本投下原子弹的行为，他从来没有表示过后悔。在他看来，自己只是在执行上级的命令，不应承担广岛被毁的责任。

无论是米尔格拉姆服从实验中的被试，还是向日本广岛投下原子弹的飞行员保罗·蒂贝茨，都印证了米尔格拉姆所说："心中没有任何仇恨的普通人，也可能因为自己的本职工作而成为可怕的破坏活动的执行者。"一旦执行命令的人不必承担任何法律责任、经济损失，也不必背负心理上的内疚与负罪感，那么"命令"简直可以要求执行者做任何事情。即使执行者需要承担行为后果，如果承担执行命令的后果小于不执行的后果，他们依然会选择服从，并对不道德的行为进行合理化的归因。

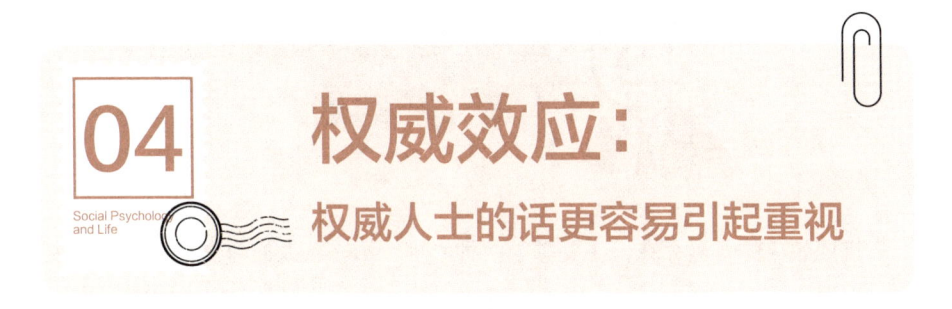

04 权威效应：
权威人士的话更容易引起重视

1974年，米尔格拉姆在其著作《服从的危险》里写道：

在法律和哲学上有关服从的观点是意义非常重大的，但他们很少谈及人们在遇到实际情况时会采取怎样的行动。我在耶鲁大学设计了这个实验，便是为了测试一个普通的市民，只因一位辅助实验的科学家所下达的命令，而会愿意在另一个人身上加诸多少的痛苦。

当主导实验的权威者命令参与者伤害另一个人，再加上参与者所听到的痛苦尖叫声，即使参与者受到如此强烈的道德不安，多数情况下权威者仍然得以继续命令他。实验显示了成年人对于权力者有多么大的服从意愿，去做出几乎任何尺度的行为，而我们必须尽快研究和解释这种现象。

在米尔格拉姆的实验情境中，被试之所以会高度服从研究者的命令，与研究者的权威性、实验发起机构的合法性有直接关系。

> **知识点**
> 权威效应，是指一个人地位高、有威信、受人敬重，其表达的看法更容易引起他人的重视，并让人相信其正确性。

你会盲目听信权威吗？

权威效应的普遍存在，主要源于两种心理：第一，人们习惯把权威人物视为正确的楷模，服从他们的命令可以获得心理安全感，增加不会出错的"保险系数"；第二，人们总认为权威人物的要求往往和社会规范一致，按照权威人物的要求去做，会得到各方面的赞许。

那么，如果不是权威者下达的命令，人们还会服从吗？

在米尔格拉姆式实验的另一变式中，研究者假装接到一个电话，要离开实验室，并告知被试仪器可以自动记录数据。研究者离开后，由另一个人（实际是研究者的助手）替代研究者来发布命令。当助手命令被试对"学生"的每一个错误回答增强一档电击时，有80%的被试完全拒绝服从。

在实验后的访谈中，许多参与者表示，如果发起实验研究的机构不是耶鲁大学，那么他们坚决不会服从。为了考察这一情况的真实性，米尔格拉姆将实验地点转移到康涅狄格州的布里奇波特市，在一座普通的商务楼里成立了"布里奇波特研究会"，并由同一批人员来进行实验。结果，被试的服从比例从在耶鲁大学的65%降低到48%。

05 距离削弱责任：
人们会怜悯生动的、个性化的人

米尔格拉姆的实验参与者，在无法看到"学生"的情况下，表现出来的同情最少。当受害者距离较远，"教师"听不到"学生"的抗议声时，几乎所有被试都冷静地服从命令，直至将实验做完。

当"学生"与被试在同一房间时，只有40%的被试表现出服从，将电击强度增加到450伏。当研究者要求被试将"学生"的手强制按在电击板上时，被试完全服从的比例下降到30%。这表明，当被试能够看到受害者时，服从的比例显著降低。

> **知识点**　心理学家认为，距离会削弱责任，人们对于和自己没有关系，或是失去个性的人，很容易产生漠视，而对生动的、个性化的人最富有同情心。

这种心理现象的存在也有积极意义，人们在替未出生的胎儿、饥饿的难民或动物权利进行呼吁时，总是用令人感动的照片或描述赋予其个性化，这样可以最大限度地调动人们的同情心，实现宣传的效果。

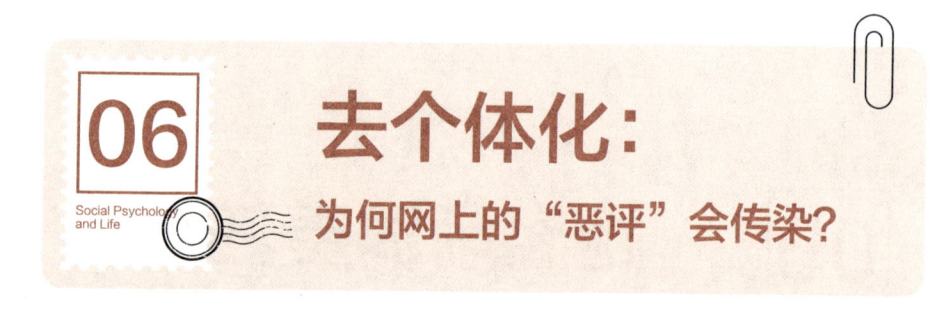

06 去个体化：为何网上的"恶评"会传染？

斯坦福大学与康奈尔大学的研究者曾经对2012年12月至2013年8月间，CNN（美国有线电视新闻网）网站上超过1600万条评论进行大规模的数据分析，结果发现：有1/4被标注为"恶意辱骂"的帖子来自从未发布过此类内容的用户。

研究人员可以根据论坛中其他评论的性质，以及某个用户的情绪来预测他发布恶性评论的可能性。如果这个用户之前的评论全是负面的，那么他很有可能会跟着一起发表充满恶意的言论，即便平日里他不是轻易动怒的人。

> **知识点** 社会心理学家认为，个人在群体压力或群体意识影响下，会出现自我导向功能的削弱或责任感的丧失，产生一些个人单独活动时不会出现的行为，这种现象叫作"去个体化"。

群体会引发人们的唤醒状态，一旦高水平的社会唤醒和责任分散结合在一起，常规的约束就会变小，引发的后果也令人震惊。1967年，200名俄克拉荷马大学的学生聚在一起，目睹了一名遭受挫折的学生欲跳塔自杀的情景。群体给这些学生带来了兴奋感,而后他们一起喊道:"跳!跳!跳!……"结果,这个学生就真的跳了下去,结束了自己的生命。

试想一下:如果当时只有一名学生目睹了有人要跳塔的情景,他会鼓动别人自杀吗?显然不太可能。然而,在群体的情境中,个体会被一种比自己更强大的力量所吸引,出现去个体化的现象,抛开道德约束和规范限制,做出诱劝他人自杀的行为。

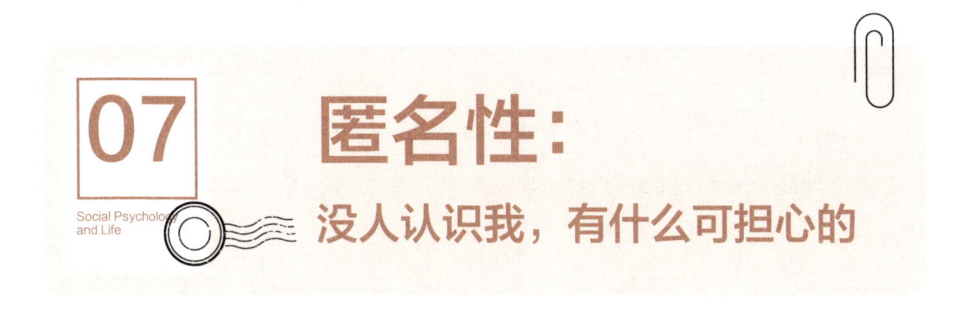

07 匿名性:没人认识我,有什么可担心的

澳大利亚墨尔本大学社会心理学教授列昂·曼,通过对21起人群围观跳楼或跳桥事件的分析发现:如果人群规模小且曝于公众之下,人们通常不会怂恿当事人跳下去;如果人群规模比较大或是夜幕降临,遮蔽了人们的身份,让个体获得了匿名性,那么人群中的大多数人都会怂恿当事人跳下去,并表现出冷嘲热讽的态度。

知识点:匿名性是引起去个体化现象的重要因素,群体成员身份越隐匿,他们就越会觉得不需要对自我认同与行为负责。

为了研究去个性化是怎样产生的，美国心理学家津巴多做了一个实验：

他召集了一些女大学生作为被试，要求她们对隔壁房间的一个女大学生进行电击，她们不需要背负任何道义上的责任，完全是为了科学实验的需要。通过镜子，被试可以看到那个被电击的女大学生。实际上，那位被电击的女生是津巴多的助手，她没有真正受到电击，只是在被试按下电钮时，假装大喊大叫，让被试确信她真的在承受痛苦。

津巴多将被试分为两组：

第一组是去个体化组，被试穿上白色实验服从，戴上帽兜，彼此之间互不认识。研究者请她们实施电击时，不称其名字，整个实验在昏暗的光线中进行。

第二组是可辨认组，被试穿着平常的衣服，每个人胸前都挂着一张名片，研究者会礼貌地称呼她们的名字，实验室的光线很好，每个人都可以清楚地看到彼此。

津巴多预测，去个体化组的被试比可辨认组的被试在按电钮时表现出较少的约束。实验结果证实了他的预测：去个体化组的按电钮时长比可辨认组长一倍。

根据这项实验研究，津巴多认为去个体化有两个重要特征：

1. 群体成员的匿名性

当个体意识到自己的所作所为是匿名的，没有人会认出自己，个体会毫无顾忌地违反社会规范与道德习俗，甚至是法律法规，做出平日里单独一个人不会做出的行为。

2. 责任分散

当个体成为某一群体的成员后，集体行动的责任就分布在了每一个成员身上，任何一个个体都不必为群体行为承担罪责。由于责任压力变小，无须背负心理上的内疚感，个体的行为就会更加粗野和放肆。

在社会生活中，人们的行为通常会遵循一定社会规范的引导。然而，在某些特殊的情境之下，如突发火灾、沉船事件等，现有的社会规范会失效。面对这样的状况，人们会惊慌、混乱，甚至是不知所措，很容易出现去个体化的情况。从这一层面上来说，加强社会治理和法治建设，出现紧急情况后及时给予规范、疏导和引导，有助于减少去个体化的行为。

引发去个体化的因素

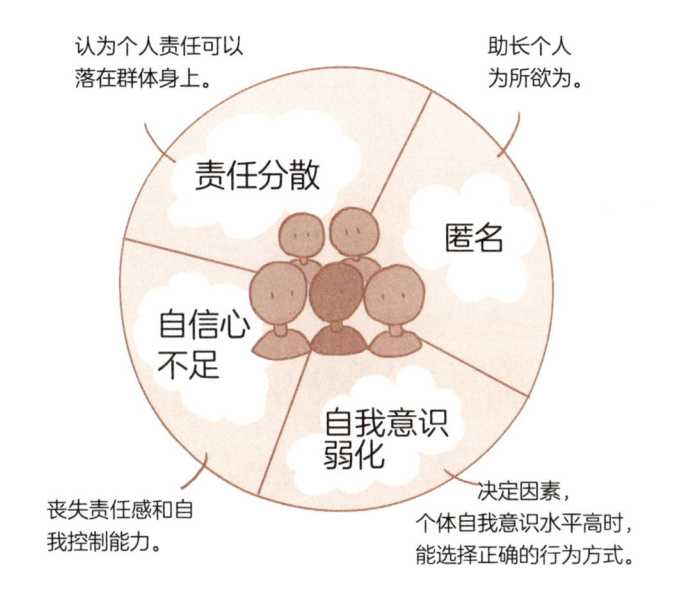

- **责任分散**：认为个人责任可以落在群体身上。
- **匿名**：助长个人为所欲为。
- **自信心不足**：丧失责任感和自我控制能力。
- **自我意识弱化**：决定因素，个体自我意识水平高时，能选择正确的行为方式。

CHAPTER 06

真的是"人多力量大"吗?

01 社会唤醒效应：

只要他人在场，就会影响我们

美国印第安纳大学的心理学家诺曼·特里普利特对自行车比赛非常感兴趣，他在1897年美国自行车联赛中注意到了一个明显的现象：那些与他人竞争，或受他人影响的自行车运动员，似乎比那些和时间赛跑的运动员表现得更出色。

特里普利特是一个天生的实验主义者，在将自己的直觉发现公布于众之前，他对自己的观察和推测进行了实验研究。他招募了40名当地的儿童来缠绕鱼线卷，每个鱼线卷都固定在一个Y形的框架上，要求儿童以最快的速度完成。有时，这些儿童被要求单独绕线，有时是两人一组进行。实验结果和特里普利特预想的一样：当儿童一起绕线时速度会更快。

对于这样一种现象，特里普利特总结道："另一位竞争者在场会激发选手的潜能。"

这一结论引起了多位研究者的兴趣，他们纷纷开始探索他人在场与个体表现之间的关系。然而，众多实验结果显示：他人的存在，仅仅在某些时候会发挥社会促进作用（提高被试的任务表现），而在有些时候则会发挥社会抑制作用（干扰被试的任务表现）。比如，身边有其他人在时，被试在报纸专栏中划掉元音的速度会加快，但记忆无意义音节的速度变慢了。对于这种不一致的结果，研究者们困惑了很长时间。

直到1965年，心理学家罗伯特·扎荣茨提出了一种全新的解释——社会

CHAPTER 06
真的是"人多力量大"吗?

唤醒效应,揭开了为什么他人在场会对个体产生"既有促进又有抑制"的矛盾作用。

> **知识点**
>
> 扎荣茨认为,他人在场可以增强个体的优势反应,但正确反应仅仅限于简单或熟练的任务;在复杂的任务中,正确反应往往不是优势反应,因此唤醒增强的是错误反应。

无论是自行车选手骑车,还是儿童缠绕鱼线,这些对他们来说都属于熟悉的、简单的任务,其正确反应也是他们掌握得很好的优势反应。所以,他人在场会提高个体完成任务的成绩。相比之下,学习新知识、走迷宫游戏、解答复杂的数学题等,则属于比较难的任务,这些任务的正确反应很难快速做出来。所以,他人在场会增加个体错误反应的次数。

唤醒可以促进优势反应,这一规律很好地解释了先前看起来相互矛盾的结果。所以说,他人在场或是与他人一起工作,并不总是给个体带来社会助长的作用,这取决于个体对工作任务的熟悉程度,以及工作任务的难度。在完成简单任务时,他人在场可以带来社会助长作用,可随着任务难度的增加,社会助长的作用就会逐渐下降。

可能你会心存疑惑:为什么他人在场会引起唤醒效应呢?

社会学心理学家通过实验研究证实，可能是以下三方面因素所致：

1. 评价顾忌

社会心理学科特雷尔推测，他人在场使个体忧虑的原因在于，个体很想知道他人如何评价自己。这一推测后来得到了实验的证实，如果个体认为在场的他人正在评价自己，其优势反应最为明显；而且他人评价引发的自我关注也会干扰个体熟练掌握的自动化行为。

2. 注意力

不只他人在场会引起唤醒，其他分心物的出现也会引起唤醒，比如光线突然变亮等。

3. 纯粹在场

扎荣茨认为，即使没有评价顾忌和分心，他人的"纯粹在场"也会引发一定程度的唤醒。比如，许多长跑者会因为有人跟自己一起跑而受到激励，即使那些人不是自己的竞争对手，也不会对自己进行评价，仅仅只是"在场"就会对他们产生影响。

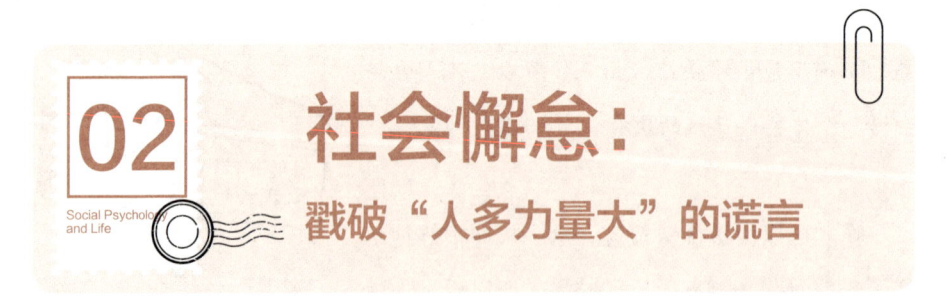

02 社会懈怠：戳破"人多力量大"的谎言

心理学家林格尔曼曾经做过一个实验：

挑选8名工人作为被试，让他们用力拉绳子，测试他们的拉力。

第一次，他让每个工人单独拉绳子；第二次，他让3个工人一起拉绳子；第三次，让8个工人一起拉。实验员原本以为，拉力会随着人数的增加而增加，但情况并不是这样。

实验结果显示：单独拉绳的人均拉力是63公斤；3个人拉的人均拉力是53公斤；8个人拉的人均拉力是31公斤，不到单独拉时的一半。

林格尔曼把这种个体在团体中较不卖力的现象称为"社会懈怠"。

知识点　社会懈怠，是指个体作为群体中的一员进行群体活动时，会降低自己的努力和表现水平，个人所付出的努力比单独完成时偏少的现象，也称社会惰化。

社会懈怠现象在后来的研究中也得到了进一步的证实：研究者让大学生以欢呼鼓掌的方式尽可能地制造噪声，每个人分别在独自、2人、4人、6人一组的情况下进行。结果，每个人所制造的噪声随着团队人数的增加而下降。

为什么会产生社会懈怠现象呢？从社会学角度来看，社会懈怠产生的原因与社会评价、社会认知、社会作用力有关。

1. 社会评价

在群体活动中，测量的结果是整个群体的工作成绩，个体的工作成绩是不记名的。在这样的情况下，个体的被评价意识就会减弱，为工作付出的努力也就减少了。

2. 社会认知

群体中的个体，可能会认为群体中的其他成员也不会尽力，为了求得公平，自己就开始偷懒；或认为个人努力对群体微不足道，群体成绩很少一部分能归于个人，个人的努力与群体绩效之间没有明确的关系，所以不愿意全力以赴。

3. 社会作用力

在群体作业时，每个成员都是群体中的一员，与其他成员共同接受外界的影响。当群体成员增多时，每一个成员接受的外来影响就会被分散、减弱，致使个体付出的努力降低。

社会懈怠会明显降低群体的工作效率，想要消除这一现象，依靠"个人自觉"行不通，最好的办法是制定规则，将个体作业成绩可识别化。把个体从群体中提取出来，当个体的行为可以进行单独评价时，人们才会付出更大的努力。

03 旁观者效应：
见死不救是因为冷漠吗？

1964年，美国纽约的一位年轻女孩在深夜下班回家的途中，遇到了一名持刀抢劫的男子。男子刺了女孩多刀，整个袭击行为持续了35分钟，女孩一直在大声地呼喊"救命",结果未能得救,不幸身亡。

其实,女孩遇刺的地方并不是荒郊野岭,就在她所住的公寓街道!更令人难以置信的是,有38户邻居从公寓的窗户里目睹了抢劫刺杀的过程,却没有一个人打电话报警。直到女孩死后,才有一个目击者报了警。

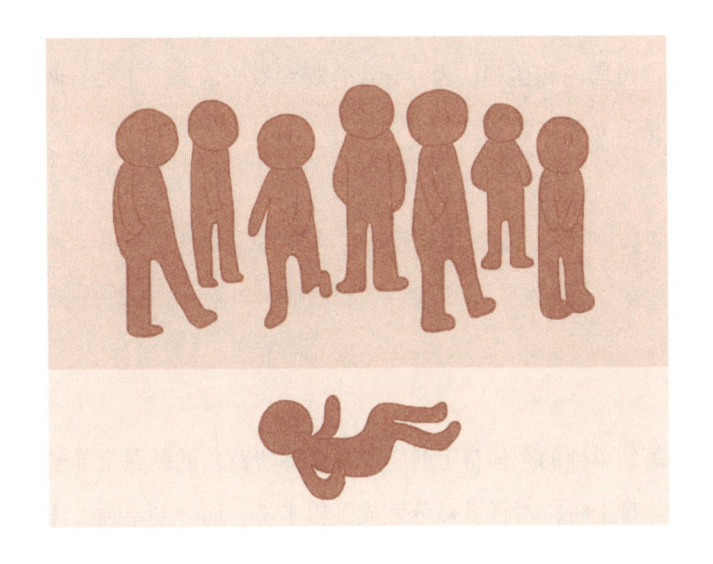

类似这样的社会新闻总是令人心寒和惋惜,为什么那些邻居明明看到了女孩正在遭受抢劫,却连一个报警电话都不肯打呢?这种无动于衷折射出来的,只是人性的自私与冷漠吗?除此之外,还有没有其他原因呢?

社会心理学家比布·拉塔内和约翰·达利认为,之所以没有人帮忙,正是因为旁观者太多了!听到这样的解释,不少人会感到匪夷所思,甚至感到有些愤怒——那些当"吃瓜群众"的人,难道都没有良知吗?坦白说,这种心情可以理解,但我们不能忽略一个前提,人是社会性动物,个体的态度和行为会受到社会情境和群体的影响。

两位心理学家为了研究这一现象背后的深层原因,进行了一系列的社会心理学实验,并提出了"旁观者效应"。

知识点 | 旁观者效应，是指在紧急事件中由于有他人在场而产生的对救助行为的抑制作用，旁观者人数越多，抑制程度越高。

生活中处处可见旁观者效应，有时是发生在现实世界，有时是发生在虚拟的网络世界。拉塔内和达利认为，导致旁观者效应的原因主要有两点：一是责任分散，二是多元无知效应。

知识点 | 责任分散，是指在与他人共同面对某件事情时，个体的责任感会下降，会产生将事情推给别人去做的心理倾向。

当责任落到单独的个体身上时，那么个体所背负的就是全部的责任感；当责任落到群体身上时，责任就被分散成了很多份，而分到单独个体身上的责任就被削弱了。在发生紧急情况时，群体里的个体都存在"等着别人去做"的心理，使得旁观者数量越多，受害者得到帮助的可能性越小。

知识点 | 多元无知效应，是指当人们对自己缺乏信心或形势不太明朗时，人们会很自然地根据周围人的反应来判断事情的严重性，并以此为依据判断自己是否应该采取行动。

在遇到紧急事件时，群体里的每个人都不知道该怎么办，自然就会观察周围人的反应。大家都在默默观察其他人的反应，表面上看起来就是"没有人有反应"。这就使得所有人都产生了一种错觉，认为"没有反应是对的"，故而不采取任何行动。

了解了责任分散与多元无知效应，我们就可以更加客观地认识现实生活中那些"见死不救"的情形。很多时候,旁观者群体没能上前帮忙,并不是因为他们冷漠无情,而是因为他们无法确定——不确定紧急情况真的存在,也无法确定此时是否需要自己采取行动。

那么,有没有什么办法可以打破旁观者效应呢?

两位心理学家通过多次实验证明,只要旁观者可以明确地意识到自己有责任插手干预紧急事件,他们就一定会做出反应。

如果你是受害者,你需要在人群中指定一个人求助,说明你需要什么样的帮助,减少不确定性,比如"穿蓝色外套的先生,请帮我叫一下救护车"。此时,责任就集中在了这个人身上,他就会意识到紧急救助是必要的,并且清楚自己该如何提供救助。各项科学证据表明,这种做法可以帮助受害者获得快速且有效的帮助。

如果你是旁观者,也需要参照上面的原则:在发现情况模棱两可时,不要本能地观望别人的做法,可以发动周围人一起帮忙,指定具体的人做具体的事,打消人们推卸责任的心理。

愿我们都能保持良知,做一个善良的人。

04 集群行为:如何看待网络暴力的问题?

互联网实现了信息共享,打破了地域与时间的限制,为人类拓展了一个新型的社会交往空间。在网络平台上，人们可以自由地发布信息、表达意见并形成需求共鸣，更加便捷地获取自己渴望了解的内容和知识。然而，事物都有两面性，网络在给人们带来极大便利的同时，也滋生了许多可怕的集群行为，最令人瞩目的莫过于"人肉搜索"和"网络暴力"。

> **知识点**
>
> 集群行为，是指在公共和集体冲动的影响下发生的行为，具有自发性、无组织性、狂热性、不确定性和破坏性等特征，也称群体性事件。

根据集群行为的表现形式，可将其划分为四种类型：

（1）侵犯性集群行为——伴有打、砸、抢特征的暴乱、骚乱；

（2）逃避性集群行为——战争、瘟疫、饥荒时期的逃荒行为；

（3）获取性集群行为——听闻传言或物价上涨后的抢购行为；

（4）表现性集群行为——某些群体性街头行为艺术。

为什么会发生集群行为呢？心理学家从不同的理论框架总结出了不同的原因：

挫折—侵犯理论认为，人们在遭受挫折和不公正对待的情境下，容易产生集群行为；人际互动理论、群体心理气氛理论和模仿理论认为，集群行为是在情境性刺激的作用下，心理暗示、模仿、情绪感染和情绪激发共同作用的结果；社会压制理论与社会安全阀理论认为，社会冲突通常是社会矛盾与社会压制的结果，它有助于宣泄社会不满情绪，对社会的整合与稳定发挥着积极的作用，倘若不允许或压抑冲突，一旦冲突积累过多，爆发后会更加严重。

当下，网络集群行为频频出现，引起了学界的关注。心理学家认为，诱发事件、利益冲突、模仿、流言等是影响网络集群行为发生的重要因素。

05 冒险转移：
群体决策比个人决策更冒险

任何选择都是有代价的，特别是面临一些重大决策时，人们往往会陷入两难的境地。最常见的情形莫过于：某人不幸罹患严重的疾病，不做手术的话时日无多，做手术的话也可能下不了手术台。假设手术的成功概率有10%、20%、30%、40%、50%、60%、70%、80%、90%、100%十种情况，你认为某人在冒多大风险的情况下会考虑手术呢？如果让某人的亲朋好友共同决策，他们又会做出什么样的选择呢？

社会心理学家对此类风险决策的问题进行了大量的研究，其中包括投资冒险、赌博冒险、获取成功冒险等多个课题，研究结果显示：人们在独自进行决策时，愿意冒的风险较小，倾向于较为保守地做出成功可能性较大的决定。如果转变为群体共同决策，最后的决定会比个人独自决策时的风险性更大。

> **知识点**　群体决策比个人决策更具冒险性的现象，被称为"冒险转移"。

心理学家柯根等人在1967年的一项研究中指出，个人单独决策时，倾向于有70%的成功可能性才愿意进行投资；而群体决策时，倾向于只要有50%的成功可能性就会选择投资，这说明群体决策比个人决策的冒险性更大。

群体让我们更爱冒险！

是什么导致了冒险转移的情形呢？可能的原因有以下三方面：

1. 责任分散

群体的背景会削弱个人行为的责任意识，责任意识下降的结果，是使得个人的冒险性得到鼓励。有关去个体化的研究也证明，行为责任意识下降时，个体会变得敢于尝试通常被自我控制所压制的行为。

2. 文化价值对高冒险性有较高评价

在人类的文化价值取向中，高冒险常常与英雄气概联系在一起，这使得人们倾向于鼓励冒险。社会心理学家通过研究证实，人们往往会对高冒险性的人给予更高的评价。

3. 个人假设群体鼓励具有冒险性的见解

群体决策与个体决策的情境不同，它是一种评价情境，个体需要提出一个被群体成员所赞赏的选择。如果在决策上过于谨慎，个体担心会被群体成员视为胆小、怯懦、缺少气概。

06 群体极化：
"偏激的大多数"是怎么产生的？

群体决策会受到决策内容的影响，并不是一味地朝着冒险的方向偏移。在某些情境之下，群体决策的结果会比个人决策的结果更加保守。比如，心理学家诺克斯等人研究发现，在赛马赌博下注时，群体决策押注的数目，比个人决策押注的数目要小。

这一事实促使研究者们开始重视用"群体极化"来解释冒险转移。

> **知识点**：群体极化，是指群体成员原已存在的倾向性在群体中得到加强，使一种观点或态度由原来的群体平均水平，加强到具有支配性地位的现象。

从本质上来说，冒险转移就是群体的"极端化转移"，不管群体决策的结果是更冒险还是更保守，其本质都是群体极化的结果，即让某一观点逐渐成为群体的主导观点。简单来说，如果个体原来的决策是冒险的，那么在群体决策时会变得更为冒险；如果个体原来的决策是保守的，那么在群体决策时会变得更为保守。

按照群体极化的假设，群体讨论会让群体中多数人同意的观点得到加强，让原本同意该观点的人更加确信自己是对的。这样一来，原来群体支持的观点，在经过讨论之后，支持度会变得更高；原来群体反对的观点，在经过讨论之后，反对的强度也会变得更高。于是，群体的观点就出现了"极端化"，让群体的态度朝着两极的方向发展。

为什么会出现群体极化呢？研究者对这一现象的解释主要有两种：

1. 社会比较促进了群体极化

当一个群体被成员认同时，群体的价值会成为每一个成员自身价值的一部分。为了证明自己的价值，群体中的每一个成员都会试图比群体平均水平高一些，如果自己的意见得到了认同和重视，在某种程度上就会让个体感觉自己比其他成员更高明。

这种高明没有标准的定义，要视群体和情境而定。如果一个群体倾向于冒险，那么高明就意味着更激进；如果一个群体倾向于保守，那么高明就意味着更谨慎。在群体讨论的过程中，个体成员为了超越同伴，会倾向于选择更为极端的观点，使得群体决定也朝着更极端的方向发展。另外，群体在讨论问题时会形成规范性影响，个体成员在表达自己的观点时，为了保持与群体的一致性，多半会选择与其他人一致但又稍微强化一点的态度，这样既能表现出对群体价值观的支持，也能凸显自我的高明。

2. 争论与说服推动了群体极化

当群体中有人提出不同意见时，争论就会产生，说服也会随之而来。当群体中的某一观点得到了有力的解释支持时，某些群体成员就会被说服，从而改变原来的观点，转向支持这种有说服力的观点，让这一观点在群体中出现极化。

07 少数派的力量：
个体是怎样影响群体决策的？

群体对个体的影响是巨大的，那么个体是否会影响所在的群体呢？

答案是肯定的。社会心理学家塞奇·莫斯科维奇开展了一项视觉感知实验，旨在调查社会影响，结果证实了少数派会对群体产生影响。

在莫斯科维奇的实验中，研究员向被试展示一系列绿色或蓝色的幻灯片，被试要说出他们认为幻灯片是什么颜色。参加实验的被试中，有4名是真正的被试（多数人），有2名是实验助手（少数派）。从技术上来讲，所有的幻灯片都是蓝色而非绿色，只是色调深浅存在差异，所以并不是很容易做出决定。

莫斯科维奇发现：如果实验助手（少数派）一致认为蓝色幻灯片是绿色的，那么真正的被试（多数人）有8.42%的概率会认同这一结果；如果实验助手（少数派）摇摆不定，认为有1/3的蓝色幻灯片是蓝色的，那么真正的被试（多数人）的回答就不太会受其影响。

到底是什么因素让少数派对群体产生了影响力呢？

知识点：莫斯科维奇经研究证实，少数派产生影响的三大决定因素分别是：一致性、自信和背叛。

1. 一致性

相比摇摆不定的少数派，始终坚持自我立场的少数派更有影响力。加州大学洛杉矶分校的心理学教授内梅斯进行了一个实验：将两名被试安排在一个模拟陪审团中，让他们反对大多数人提出的意见。结果显示，这两名被试果然在群体中变得不受欢迎。可即便如此，多数人表示，这两个人的坚持促使了他们重新审视自己的立场。

2. 自信

一致性和坚持性体现的是一种自信。内梅斯在实验报告里提及，少数派表达自信的任何行为都会使多数派产生自我怀疑，特别是涉及观点而非事实时，少数派的自信态度会促使多数派重新考虑自己的立场。

3. 背叛多数派

当少数派对多数派的观点提出质疑后，多数派的成员往往会更加自由地表达自己的疑虑，甚至会向少数派的立场倾斜。研究发现，如果少数派中的某个人是从多数派中投奔过来的，那么他比那些一直居于少数派的人更有说服力。内梅斯在模拟陪审团的实验中还发现，一旦多数派中的某个人出现了"背叛"行为，其他人也会受其影响，出现"滚雪球效应"。

CHAPTER 07

我们为什么会喜欢一个人？

01 社会排斥：
从小镇青年到冷酷杀手

  1999年4月的一个清晨，埃里克·哈里斯和迪伦·克莱伯德故意比平时晚一些到达学校，因为这样可以多谋杀一些同学和老师。他们穿着黑色的风衣，背着两个装满了枪支和弹药的行李袋，开始了一场疯狂的杀戮。

  短短15分钟的时间，他们就杀死了13人，还有21人受伤。如果他们按照计划引爆所有的爆炸物，那么死亡人数会增加数倍。半小时后，警察将埃里克·哈里斯和迪伦·克莱伯德包围，走投无路的两个人把枪对准了自己。

  悲剧发生后的几个星期里，所有人都在讨论：为什么这两名学生要在校园里进行残忍的屠杀？到底是怎样的深仇大恨让他们做出如此可怕的行为？有人觉得，哈里斯和克莱伯德就是天生的杀手；也有人觉得，他们是受到了暴力电影、悲观主义文化等邪恶力量的影响；还有人觉得，是父母没有给予他们足够的关爱和正确的引导。

  和许多危机事件一样，埃里克·哈里斯和迪伦·克莱伯德制造的这场校园惨案也不能用某一个简单理由来解释，它很可能是多个共同因素所致的。对于这次的事件，社会心理学家比较关注情境的影响，他们很想知道，到底是哪些社会影响因素把两个小镇青年变成了残酷杀手？

  有一些社会影响因素很快就被排除了，比如，哈里斯和克莱伯德没有受到任何权威人物的压力,他们周围也没有坏榜样或其他人向他们发出指令,校园屠杀行为完全是自发的。如果是社会对他们产生了影响,那么这种影响一定是远距离的,且并非突然来袭,而是逐渐侵蚀的。

透过哈里斯的日记,社会心理学家了解到,这场校园屠杀并非临时起意的结果,它被酝酿了整整一年。日记中的一些片段显示,哈里斯和克莱伯德的疯狂行为极有可能是社会排斥所致。

他们在青少年团体的边缘生活了很长时间,主流小团体拒绝接受他们,两个青年都曾在日记里写道自己不合群、不被接受,他们对这种排斥产生了怨恨,密谋要对付所有他们认为无礼的人,以及他们认为不接受自己的人。

知识点:社会排斥,是指由于被某一社会团体或他人所排斥或拒绝,一个人的归属需求和关系需求受到阻碍的现象和过程。

作为社会性动物,人们都有归属于某一群体的需要。当我们有所归属时,会感觉被一种亲密的关系所支持,产生深深的幸福感;反之,如果被轻视、被忽略、被拒绝,内心深处的归属需要得不到满足,就会产生悲伤或焦虑的情绪。

社会心理学家基普林·威廉斯在研究中发现，被排斥的人大脑皮层的某个区域活动增加，而这部分脑区与对躯体创伤做出反应的脑区是同一区域。也就是说，社会排斥是一种真实的疼痛，被排斥的社会性疼痛与身体疼痛一样，都会增加人的攻击性。

社会排斥不仅会阻碍个体的归属需要得到满足，还会阻碍个体其他方面能力的发展，比如，无法有效地完成任务，难以说服别人帮助自己，不能很好地展示自己。正因为如此，被排斥者往往会用极端的方式来满足自己的需求，如：成为别人眼中臭名昭著的人物，或是控制别人的命运等。

实验研究显示，虽然被排斥者对冒犯过自己的人和陌生人都表现得更有攻击性，但是对那些赞扬过自己的人却没有表现出攻击性。想要消除社会排斥造成的伤害，最好的办法就是用"爱"为被排斥者止痛，把那些害羞、孤独和疏离的人重新迎回社会。

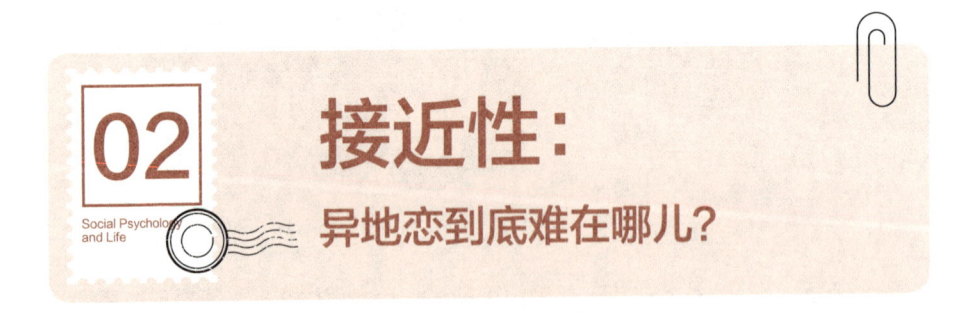

02 接近性：异地恋到底难在哪儿？

1950年，社会心理学家针对麻省理工学院17栋已婚学生的住宅楼进行了一次调查。这是一些两层的楼房，每层有5个单元住房。住户住哪个单元都是随机分配的，原来的住户搬走后，新住户就会搬进来。调查中，每个住户都要回答一个问题：在这个居住区中，和你经常打交道的最亲近的邻居是谁？

结果表明，居住距离越近的人，交往次数越多，关系越密切。在同一楼层中，住户和隔壁的邻居交往的概率是41%，和隔一户的邻居交往的概率是22%，和隔三户的邻居交往的概率只有10%。事实上，多隔几户，距离上并没有增加，但亲密程度却差很多。

> **知识点**｜两个人能否成为朋友的最佳预测源是"接近性"，这是人际吸引的一个重要因素。

人与人之间能否相互吸引和喜欢，以地理距离的接近为首要条件。两个人之间距离越远，感情越容易淡漠；距离越近，内心越容易感到亲近。地理距离的接近可以加深彼此的情感，这与易得性有很大关系。当你遇到了困难，需要有人陪伴和帮助，离得近的人肯定能立刻满足你的需要；如果身处异地，即使对方内心记挂着你，也很难快速地出现在你面前给你安慰。

这就很好地解释了，为什么同事之间容易成为朋友，甚至发展成恋人，而异地恋要维系关系却格外艰难。实际上，异地恋的问题不仅仅在于地理距离，还在乎功能性距离。

> **知识点**｜功能性距离，是指两个人生活轨迹相交的频率。

刚开始时，异地恋不会出现太大的矛盾，因为两个人时刻保持联系，虽然不在同一个地方，但彼此都知道对方在做什么，生活节奏基本能保持一致。可是，随着时间的推移，彼此之间的功能性距离就会越来越大：你闲着时想和他聊聊天，他却半天不回复你的消息；你在工作上遇到了烦心事，她不了解情况，上来就指责你说话的语气不好。这样的情况发生多了，彼此就会丧失交流的欲望，甚至觉得对方可有可无，情感也就变得淡漠了。

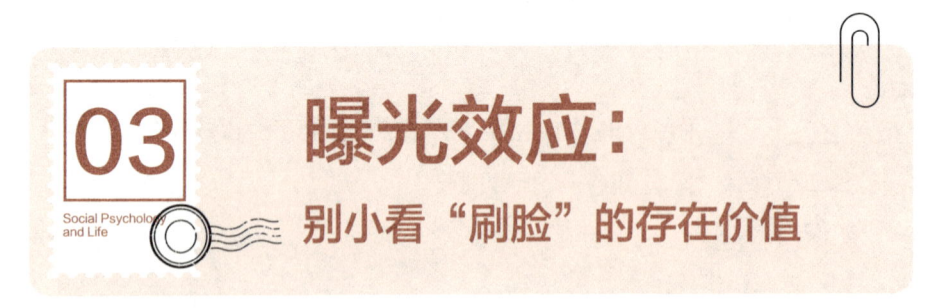

03 曝光效应：别小看"刷脸"的存在价值

20世纪60年代，社会心理学家罗伯特·扎荣茨做了一个有趣的实验：

让一群被试观看某校的毕业纪念册，且确定被试不认识毕业纪念册里的任何一个人。看完毕业纪念册之后，再让被试看一些人的照片，这些照片有的在毕业纪念册里只出现了一两次，有的则出现了十几次、二十几次。之后，邀请被试评价他们对照片的喜爱程度。

实验结果显示：在毕业纪念册里出现次数越多的人越受人喜欢，相比那些只看过一两次的新鲜照片，被试明显更喜欢那些看过二十几次的熟悉照

片。也就是说，看的次数越多，喜欢的程度越高，扎荣茨把这种现象称为"曝光效应"。

知识点 曝光效应，指只要一个事物不断在人们眼前出现，人们就有机会喜欢上这个事物。

热衷于实验研究的扎荣茨，还进行了一项逻辑更加复杂的研究：

被试随机从一个小房间到另一个小房间品尝各种饮料，在每一个小房间里，被试与其他被试相遇的次数是不一样的，他们在实验之前互不相识。在一起品尝饮料时，被试之间会有短暂的面对面接触，但没有交流。品尝结束后，研究员让被试进行相互评价。

结果显示：被试对那些相遇次数较多的人评价更高，对那些相遇次数较少的人好评也比较少。这一结果与饮料的口味没有任何关系，仅仅是"相遇次数"这一因素所致。

为什么会产生曝光效应呢？是什么影响着人们的感知？社会生物学家从进化的角度进行分析，认为人们有一种根深蒂固的倾向，即认为熟悉的东西是安全的，不熟悉的东西是危险的；接触熟悉和安全的刺激，避免未知和不可预测的刺激，可以提高生存和繁衍的概率。

04 相似性：
我们喜欢和自己相似的人

俞伯牙是春秋时期有名的音乐家，他擅长弹琴，有出神入化的琴技，在当时极负盛名。俞伯牙喜欢领略大自然中的魅力，并总能从中找到创作的灵感。很多人听到他的美妙琴声都赞不绝口，但他知道，没有人能真正听懂他的琴声，他继续在游历的途中寻找自己的知音，期待着那个真正懂他琴声的人。

后来，俞伯牙奉命出使楚国，当他乘船抵达汉阳江口时，由于风浪太大，只好将小船暂时停靠在一个小山下面。到了晚上，风浪渐渐平息，云开月出，夜色朦胧。俞伯牙心境大好，就拿出随身携带的琴弹奏起来，不料一曲未终，琴弦却断了一根。这时，他见到一个眉清目秀的青年男子站在月光下，男子笑着解释说他是打柴的，听到琴声觉得甚是美妙，就停了下来。

俞伯牙让他说说从刚刚的那首曲子里听到了什么，没想到，此人竟然真的说出了曲中意。于是，俞伯牙邀请他上船，换上琴弦重新弹奏，而男子对所听到的曲子理解甚深。俞伯牙很高兴，请教男子的名字，而这名男子就是后来我们都知道的钟子期。

两人相见恨晚，于是结拜为兄弟，并约定第二年再次相见。然而，当俞伯牙如约到了约定地点时，却不见钟子期，一打听才知道，钟子期已经去世了。俞伯牙非常伤心，决意终生不再弹琴，因为没有知音能听懂了，再弹下去的话，只会让他更加怀念钟子期，平添无限的伤感。

俞伯牙和钟子期能够成为知己，最重要的原因就是他们两个人都拥有对音乐的高超鉴赏力。我们常说"物以类聚，人以群分"，大致就是讲，人都容易对跟自己相似的人产生好感，继而成为朋友；倘若志趣不相投，很难达成一致，就更别提深入交往了。

知识点 在人际交往中，人们往往喜欢在信念、价值观、态度、个性特征、年龄、社会地位、地域等方面与自己相似的人；对方越是与自己相似，对他的好感度就越高。

为了证实相似性会产生吸引力，社会心理学家进行了多项实验研究：

在普渡大学，研究者刻意安排一些社会政治观点相似或不相似的男生和女生进行盲约。每对学生在学生会里一边喝饮料一边聊天，相互了解。在45分钟的盲约结束后，研究者发现：观点相似的学生比不相似的学生更加喜欢对方。

在堪萨斯州立大学，研究者要求13位男子挤在防空洞里相处10天，其间不断考评他们彼此之间的情感变化。结果发现，能够和睦相处的人，都是存在诸多共同点的人。如果有可能的话，他们真希望把那些和自己格格不入的人轰出去。

我们更喜欢与自己相似的人。

为什么我们会喜欢与自己相似的人呢？

1. 增加"自我正确"的安心感

三观相近的人，交往起来更容易得到对方的肯定，彼此之间很少发生争辩的情况，容易获得对方的支持，可以增加"自我正确"的安心感，很少受到伤害。

2. 相似的人容易组成一个群体

人们总是希望能通过建立相似性的群体，以增强对外界反应的能力，保证反应的正确性。人在一个与自己相似的集体中活动，阻力比较小，活动也更加顺利。

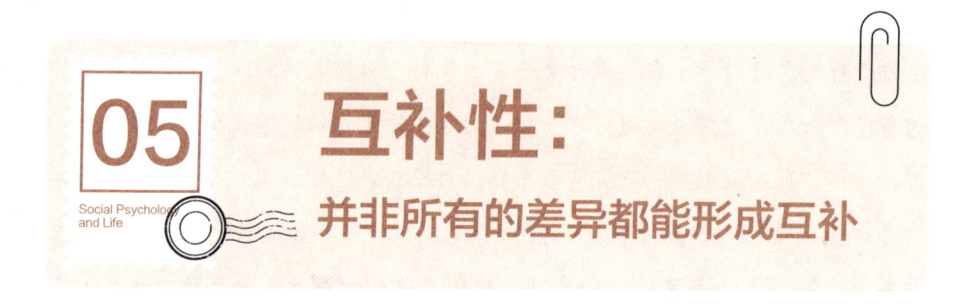

05 互补性：
并非所有的差异都能形成互补

大家可能注意到了，我们不仅跟与自己相似的人惺惺相惜，有时也会喜欢一些跟自己差异较大的人。如果能在需要、兴趣、气质、性格、思想等方面形成互补关系，就更容易产生相互吸引力，这是为什么呢？

知识点

> 互补性是人际吸引的规则之一，当交往双方的需要和满足途径恰好成为互补关系时，双方会产生强烈的吸引力。

人不仅有认同的需要，也有从他人身上获取自己所缺乏的东西的需要。每个人都不可避免地存在一些缺点，而且性格也不是那么容易改变的。所以，为了弥补自己的不足，我们在寻求生活伴侣和事业伙伴时，往往会寻找那些能够弥补自己缺点的人。

其实，互补和相似并不矛盾，有差异不一定都可以形成互补，互补性的前提是彼此都能在交往过程中获得满足，倘若无法实现这一点，那么对立的特性就无法形成互补，甚至还会产生厌恶和排斥。形成相似性的因素必须是大方面的，如人生观、价值观等；形成互补性的因素则是相对较小的方面。简而言之，就是该相似的地方相似，该互补的地方互补。

06 外表吸引力：以貌取人是难以避免的

英国女王曾在给威尔士亲王的信中写道："穿着显示人的外表，人们在判定人的心态，以及形成对这个人的观感时，通常都凭他的外表，而且常常这样判定，因为外表是看得见的，而其他则看不见。基于这一点，穿着特别重要。"

看到这些话时，你可能会想：这不就是以貌取人吗？

没错，听起来似乎让人不太舒服，毕竟我们一直接受的教育和引导是"不要以貌取人""不可以通过封面来判断一本书的好坏"。然而，无论我们承认与否、喜欢与否，外貌的作用在生活中都表现出了一致性和普遍性的特点。

知识点 每个人都有呵护美、向往美、追求美的心理，这种心理引导着人们积极地爱美、扮美、学美，现实中的人们也总是对美的事物或人产生好感。

社会心理学家研究证实，一位年轻女性的外表吸引力可以在一定程度上预测她的约会次数，某位女性的外表吸引力越大，男性就越喜欢她，并且愿意与她继续约会。那么，男性是否也存在这样的外表吸引力效应呢？答案是肯定的。

1960年，尼克松与肯尼迪争夺总统之位，尼克松输了。

1980年，卡特和里根之争，卡特输了。

尼克松和卡特到底输在了哪儿？

里根是演员出身，高大英俊，无论是服装打扮、音容笑貌，还是他做出的每一个手势，都展现着与众不同的魅力，具有无与伦比的感召力。而卡特呢？不管是看外表还是听声音，不管是在台上演讲还是在台下互动，他都显得"不像个领袖"，所以人们没有把更多的票投给他。

肯尼迪和尼克松的对决，肯尼迪也占据了优势。肯尼迪年轻英俊，风流倜傥，给人一种坚定、沉着和自信的感觉，周身散发出领袖的魅力。当他提出"不要问国家能为你做什么，问问你能为国家做什么"这一口号时，整个美国沸腾了。他展现了美国人理想中的领袖形象。

人类是视觉动物，都会对美的事物产生好感，外表吸引力对男性和女性而言同样重要，这是人类脑组织的自然运作反应。我们不能否认现实，否定"颜值"的重要性，它就像是一扇大门，即便内有蕴藏黄金的王国，也需要这个华丽的大门来吸引人去挖掘和探索。

07 首因效应：为什么第一印象很重要？

心理学家做过一个实验，让下面的4个人同时在路边搭车：

A：戴着金边眼镜、手持文件夹的青年学者；
B：打扮洋气、身材出众的年轻女孩；
C：拎着塑料袋、满脸疲惫的中年妇女；
D：染了彩色头发、穿着邋遢的男青年。

结果显示，青年学者、年轻女孩搭车的成功率很高，中年妇女稍微困难一些，至于那个男青年，基本没什么人愿意载他。这也说明，不同的外表象征着不同的人，随之也就有不同的际遇；给人留下什么样的第一印象，直接影响着后续的交往顺利与否。

> **知识点**　首因效应最早由美国心理学家洛钦斯提出，是指人与人第一次交往中给对方留下的印象，在对方的头脑中占据主导地位的效应。第一印象比以后接触中得到的信息更强，持续的时间也更久。

心理学家曾经通过实验对首因效应进行验证：

研究员将被试分为两组，向其出示同一张照片。研究员告诉A组人员，照片中的人是一位屡教不改的罪犯；告诉B组人员，照片中的人是一位著名的科学家。之后，研究员要求被试根据照片上的人的外貌特征，分析他的性格特征。

A组人员的描述是："眼睛深陷，隐含着几分凶狠的杀气；额头高耸，带着几分不知悔改的决心。"B组人员的描述是："目光深沉，可以体现出他的思维深邃；额头饱满，诠释出他钻研的意志。"

这个实验充分证明了首因效应的影响：如果第一印象形成了肯定的心理定式，会让人在后续的接触中，多倾向于挖掘对方身上美好的品质；如果第一印象形成了否定的心理定式，就会让人在后续的了解中，多倾向于揭露对方身上不好的品质。

第一印象的形成速度非常快，塔夫茨大学的心理学教授纳利尼·阿姆巴迪认为，这是人类为了生存而形成的一种快速确定环境危险与否的潜力。通常来说，外表吸引力对第一印象的影响最大，特别是随着城市化进程的加快，人与人之间的接触越来越短暂，人们更倾向于依靠外在形象来评价他人。在日常交友、求职、谈判等社会活动中，我们不妨充分利用首因效应，把自己最好的一面展示出来，为日后的深入交往奠定良好的基础。

08 晕轮效应："滤镜"之下的爱情悲剧

妙莉叶·芭贝里在小说《刺猬的优雅》里，塑造了一个生动鲜活的人物形象——女门房勒妮。

从外表上看，勒妮是一个年老、丑陋的门房，在高档公寓的住户跟前显示出的永远是一副邋遢、无知的样子，她力求符合人们心目中固有的门房形象。然而，她的内心深处却是一片葱茏的绿洲，在丑陋的外表之下，隐藏着的是一个饱读诗书、对哲学有独特理解、能与博士候选人就哲学问题平等对话的灵魂。

置身于现实中，如果遇到像勒妮这样外表冷漠、样貌丑陋的年老女性，也许多数人都不会把她跟知识渊博、富有内涵联系在一起，也鲜少有人会相信或下意识地去留意，这个外表长着刺、贫穷不美、把自己封闭在无人之境的女性，有着不同寻常的优雅。事实上，出现这样的情况并不意外，它完全符合美国心理学家爱德华·桑代克提出的晕轮效应。

> **知识点**
>
> 桑代克认为，人对事物的认知和判断往往是从局部出发，然后扩散得出整体印象，但这些认知和判断就像模糊不清的晕轮，常常是以偏概全的。当一个人的某种特质给人留下非常好的印象时，在这种印象的影响下，人们对这个人也会给予较好的评价。

做一个有"**重点**"的人。

晕轮效应，会对人的心理造成巨大的认知障碍，使人更容易抓住事物的个别特征，习惯以个别推及一般，就像是盲人摸象，容易把本没有内在联系的一些个性或外貌特征联系在一起，断言有这种特征必然会有另一种特征。

俄国文豪普希金曾经狂热地爱上了"莫斯科第一美人"娜塔丽娅，并和她结为连理。娜塔丽娅长得非常漂亮，可她与普希金的志趣完全不同。每次普希金把写好的诗读给她听时，她总是捂着耳朵说"我不要听"。她总是让普希金陪她游乐，出席豪华的宴会，普希金为此丢下了创作，弄得债台高筑，最后还为她决斗而死，致使文坛上少了一颗璀璨的巨星。

普希金的悲剧与晕轮效应有一定的关系。在他看来，一个外表漂亮优雅的女人，应当有着非凡的智慧与高贵的品格。可惜，这只是他主观的臆测罢了。那么，要如何在人际交往中避免和克服晕轮效应的副作用呢？

1. 避免以偏概全

我们在评价一个人时，不能只看长相和穿着，还应当多了解他的行为和品质，若总是以表及里来推断，往往会产生偏差，无法真正看清一个人。

2. 避免心理投射

有的人看别人做了一件好事，就想当然地认为这个人品质优良；倘若知道对方刚刚从监狱里刑满释放，就会觉得他可能别有用心，充当好人。其实，这完全是把自己的意愿强加在别人身上，产生了投射效应。投射效应是一种不理性的行为，若不加以注意，就可能出现晕轮效应，做出偏见行动。

3. 避免循环论证

疑人偷斧的故事想必你一定听过，同样地，当你对一个人产生了偏见，你就会寻找各种理由来证实自己的这个偏见。你的异常举动被对方发现后，他自然也会对你产生不满情绪，要么疏远你，要么敌视你。对方的这种反应又会加深你的偏见。实际上这就陷入了一个恶性循环，让你走进晕轮效应中迷而不返。

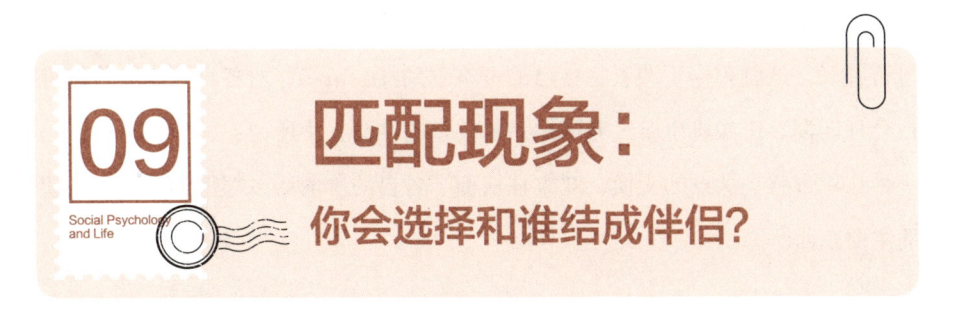

09 匹配现象：你会选择和谁结成伴侣？

谁都喜欢充满魅力的人，但不是谁都会与魅力非凡的人结成伴侣。在现实生活中，人们是如何选择朋友或爱人的呢？

知识点 | 人们一般与跟自己具有同等吸引力的人结成伴侣。

美国心理学家伯纳德·默斯坦等人的研究表明，人们在选择朋友、约会对象或终身伴侣时，通常倾向于选择那些在智力、自我价值、受欢迎程度和外表吸引力方面都能与自己匹配的人，许多实验都证实了这一现象的存在。

在知道对方可以自由选择或拒绝的情况下，人们通常会选择那些在吸引力方面和自己比较匹配的人接触。格雷戈里·怀特在美国加州大学洛杉矶分校进行的有关约会的研究结果显示，外表上的匹配有利于关系的进一步发展和维持；9个月后，那些外表吸引力高度相似的人，更有可能发展成恋人关系。

不过，我们在现实中也看到过这样的现象：一对夫妻的外表吸引力并不相配，可他们却能相濡以沫地生活几十年，这种情况该如何解释呢？

通常来说，吸引力较差的一方往往具有其他方面的美好特质，可以对外表进行补偿。这就相当于两者将自己的资本拿到社会市场，对各自资本的价值进行合理匹配。正如埃里希·弗洛姆在《健全的社会》中所说："爱情只不过是一种让双方感到满意的交换，双方在权衡了各自的价值后，都得到自己所期望的主要东西。"

10 破绽效应：
太过完美的人显得不真诚

心理学家做过一个有趣的实验，把四段情节相似的访谈录像播放给受试者。

录像1：一位非常优秀的成功人士接受主持人的访谈，他在自己所从事的领域内取得了辉煌的成就，在接受采访时也显得很自信，谈吐不凡，没有丝毫的羞涩感。台下的观众不时地为他的精彩表现鼓掌。

录像2：同样是一位优秀的成功人士接受访谈，但他显得有些羞涩，特别是主持人向观众介绍他的成就时，他竟紧张得碰倒了桌子上的咖啡杯，咖啡弄脏了主持人的衣服。

录像3：一位普通人接受采访，跟前两位成功人士相比，他没什么特别的成就。在整个采访的过程中，他一点也不紧张，也没什么吸引人的地方，平平淡淡。

录像4：同样是一位普通人，在接受采访的过程中，他显得特别紧张，跟第二位成功人士一样，他也把身边的咖啡杯碰倒了，弄脏了主持人的衣服。

播放完这四段录像后，心理学家让受试者从四个人中挑选出自己最喜欢和最不喜欢的。

实验结果显示：几乎所有人都不喜欢第四段录像里的那位打翻咖啡杯的普

录像1
完美的成功人士

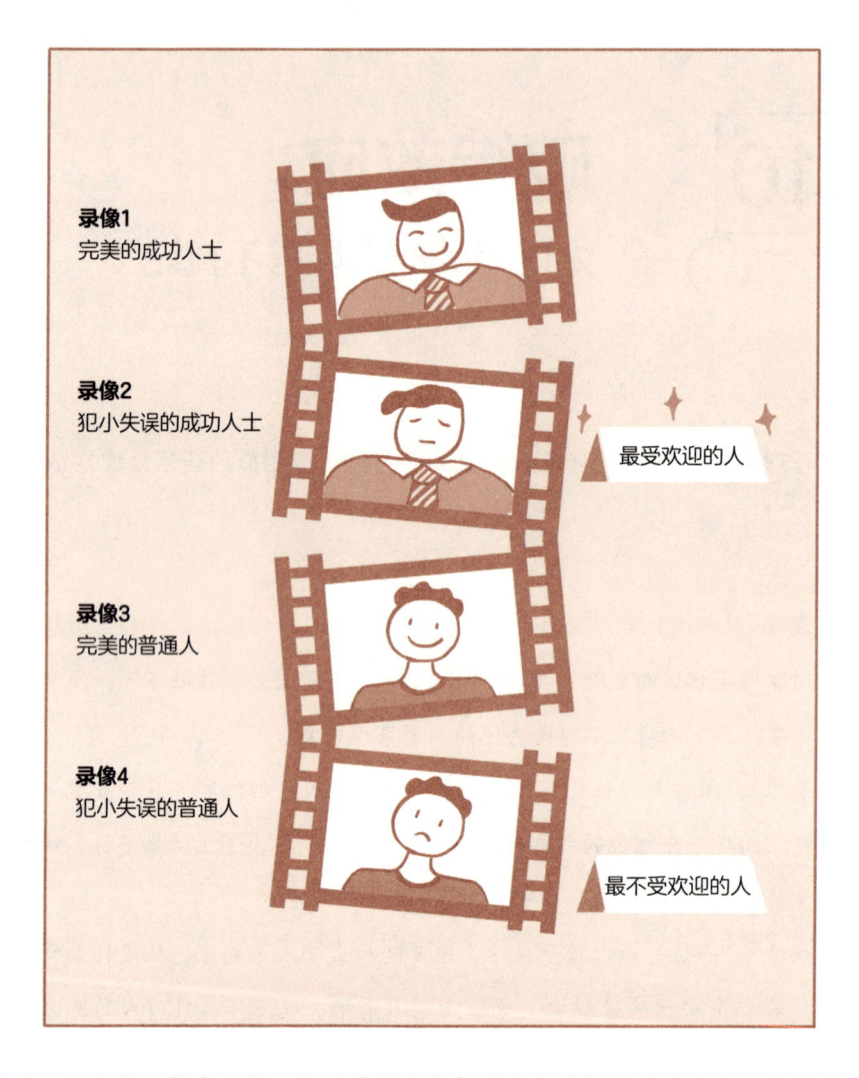

录像2
犯小失误的成功人士 —— 最受欢迎的人

录像3
完美的普通人

录像4
犯小失误的普通人 —— 最不受欢迎的人

通人，而多数人都喜欢第二段录像里那位打翻了咖啡杯的成功人士。为什么会出现这样的情况呢？

  心理学家指出，对于那些取得了大成就的人来说，出现打翻咖啡杯等微小的失误，会让人觉得他很真实、值得信任。倘若一个人表现得太过完美，没有任何可挑剔之处，反倒会让人觉得不够真诚。毕竟，没有谁是完美的。貌似完美的人不经意地犯个小错，不仅是瑕不掩瑜，还让人觉得亲近，因为他显露出了平凡的一面，这就是心理学上的破绽效应。

> **知识点**
>
> 一个才能出众的人偶尔犯点小错误，可能会让人更喜欢他。相反，过于完美的人设往往让人感觉不真实。

通过实验不难看出，破绽效应的产生是需要一定条件的：犯错误的人要有非凡的才能，而不是能力平庸，且只是偶然犯一些无伤大雅的错误。如果一个人才能平庸，却总是犯小错误，那这样的人是缺少吸引力的。

破绽效应提醒我们，在生活中与人相处时，不要过于苛求完美，在修炼自身、提升能力素养的同时，允许自己犯一些无关痛痒的小错，这样更容易让身边的人产生亲近感，为自己赢得好人缘。

11 吸引奖赏理论：你为何会被某些人吸引？

如果你有一位交往多年的朋友，或是有一位相处多年的亲密伴侣，你不妨思考一下：为什么你会选择和对方成为朋友？为什么你会被现在的伴侣所吸引？

在回答以上问题时，你可能会想到对方的一些特质，比如：性格乐观、待人随和、聪明好学、思想深邃等等。这些特质固然是吸引人的因素，但是吸引关乎两个人——吸引者和被吸引者，前面的解释只强调了"吸引者"，而忽略了"被吸引者"。社会心理学家认为，这一问题更为准确的回答应当是——

"我喜欢TA，是因为和TA在一起让我觉得……"

知识点 | 我们被某些人吸引，是因为对方的出现对我们有奖赏意义，这就是吸引奖赏理论。简而言之，人们喜欢能够给自己带来奖赏，或者那些与奖赏事件相联系的人。

吸引力的基础是一种奖赏，这种奖赏分为两种：直接奖赏与间接奖赏。

直接奖赏，是指在和他人交往的过程中，对方为我们提供的显而易见的愉悦，比如：赏心悦目的个性特征、物质上的利益和便利、言行上的认同与赞美，都属于直接奖赏。对方为我们提供的直接奖赏越多，对我们的吸引力就越大。

间接奖赏，是指仅与他人有关的间接利益，这种奖赏是微弱的、不易觉察的，比如：我们都喜欢与自己相似或志同道合的人，容易被积极、热情、可靠的人吸引，对同一天生日的人产生更多的好感，喜欢那些喜欢我们的人。

如果和某人交往所得到的奖赏大于付出的成本，我们就愿意继续交往下去。无论是友情还是爱情都遵循这一原理，能够为对方提供的情绪价值、幸福体验和社会性帮助越多，彼此的吸引力就越强。反之，总是相互争吵和消耗，吸引对方的能量就会逐渐减弱，直至趋近于零，感情就走向了破裂。

12 依恋类型：什么在影响你的亲密关系？

在谈及亲密关系的话题时，我们经常会听到"依恋"一词，到底什么是依恋呢？

知识点：依恋是亲密关系的一种最基本形式，是指个体与某一特定个人的长久持续的情感联系。

心理学家认为，个体在出生后会与养育者（通常是父母）产生一种依恋关系，当养育者给予个体无条件的爱时，个体就会产生安全型依恋；当与养育者的关系不确定时，就会产生焦虑型依恋或者是回避依恋。

依恋理论，最早是由英国精神分析师约翰·鲍尔比提出的。第二次世界大战期间，许多儿童成为无人照料的孤儿，鲍尔比对这些孩子的心理健康状态进行了研究，发现他们在被送进孤儿院后，虽然身体上得到了看护，但仍然存在严重的心理障碍。鲍尔比指出，婴幼儿需要与至少一个主要的照顾者发展一种关系，以便社交和情感得以正常发展。

后来，美国心理学家玛丽·爱因斯沃斯又对依恋理论进行了深入的研究，通过对家庭和实验室环境的观察，提出了陌生情境测验来测量婴儿与母亲之间的依恋关系。她发现，个体婴幼儿时期与养育者（主要是父母）的互动模式，会影响个体对自我和他人的认知图式，形成其内部认知，贯穿整个人生，并扩展到与其他人的关系。

通过陌生情境测验，爱因斯沃斯将婴儿的依恋关系分为安全型、焦虑型和回避型三种。

1. 安全型依恋

如果个体在婴幼儿时期受到了恰当的照顾，基本需求可以及时得到满足，就会对养育者形成信任，不担心自己被抛弃、被伤害，并认为自己是有价值的、受欢迎的，形成安全型依恋。安全型依恋者可以与他人构建良好的亲密关系，相信自己，也相信他人。

2. 焦虑型依恋

如果个体在婴幼儿时期被情绪不稳定的养育者照抚，无法预测养育者会在什么时候、以什么样的方式回应自己的需求，他们会变得焦躁不安，难以对他人形成信任，也难以培养出自信。焦虑型依恋者往往有强烈的不安全感，总担心自己的伴侣不能以对等的方式回应自己的亲密需求，害怕被抛弃。

焦虑型依恋者的痛苦，源于他们对亲密关系的要求太过理想化，希望伴侣永远满足自己的期待，顺从自己的心意，却不曾考虑伴侣的性格特质、真实需求和感受。他们渴望的是一个完美的伴侣，始终跟随自己的节奏，一旦发现伴侣不如想象中那么完美，就会对伴侣、对这段感情产生怀疑，认为伴侣不爱自己，认为自己就要被抛弃。

其实，这一切都是因为他们对自我没有清晰的认知，导致安全感不足。想要消除焦虑，走向安全型依恋，需要从内外两方面共同努力：一是培养自我关怀、自我肯定的能力；二是表达自己的真实感受，获取真正需要的东西。

3. 回避型依恋

如果个体在婴幼儿时期遭到了养育者的冷漠和疏远，在尝试建立亲密关系的过程中遭到拒绝,他们就会压抑自己的需求。回避型依恋者很难信任他人,总是回避亲密关系,他们的内心存在一个假设:太过亲密或太过依赖一定会受伤,所以不敢轻易投入情感。

回避型依恋者的核心问题在于"不安",虽然他们在心里构筑起了一面高墙,但内心深处仍然是渴望与人联结的,只是因为太害怕受伤,才把人际关系推得远远的。

回避型依恋者想要从根本上解决内心的问题,重获安全感,唯一的方式就是建立稳定的关系,不要被自己想象中的结果束缚,这个关系不仅局限于亲密关系,也可以是亲情、友情或咨访关系,就如冈田尊司所言:"我们能够选择的不是结果,而是现在这个当下怎么活……一味地逃避活下去是一种方式,放弃逃避、毫不畏惧地面对伤害也是一种方式,就看你怎么选择……但无论如何,就算结果会失败,我们还是有挑战的自由。"

13 爱情三元论:完满的爱情长什么样子?

爱情是一个永恒的话题,也是一种美好的情感,在个人生活中占据着重要的地位,目前比较受重视的爱情理论是斯腾伯格的爱情三元论。

> **知识点**
> 美国心理学家罗伯特·斯腾伯格认为,爱情由三个核心成分组成:亲密、激情和承诺。

亲密，爱情关系中的温暖体验，包括热情、理解、支持、交流和分享等。

激情，爱情关系中的性欲成分，以身体的欲望激起为特征，是情绪上的着迷。

承诺，爱情关系中的理性思考，愿意和所爱的人保持并主动维持这种感情。

斯腾伯格认为，世间的爱恋通过这三种元素的组合，形成了不同类型的爱情关系。

喜欢式爱情——只有亲密，没有激情与承诺：像朋友或熟人一样的关系。

迷恋式爱情——只有激情，没有亲密与承诺：初恋时的感情，受到本能牵引。

空洞式爱情——只有承诺，没有亲密与激情：像包办婚姻，为了结婚而在一起。

浪漫式爱情——只有亲密+激情，没有承诺：一夜情，只崇尚过程，不在乎结果。

友伴式爱情——只有亲密+承诺，没有激情：没有感觉，只有责任和义务的婚姻。

愚昧式爱情——只有激情+承诺，没有亲密：闪恋闪婚，一见钟情等。

完满式爱情——亲密+激情+承诺：人们向往的理想关系，陷入爱河之后还能长久地保持良好的关系，享受在一起的美好时光，携手解决生活中的难题。

当我们学会用罗伯特·斯腾伯格的爱情三元论来看待某些感情时，往往会发觉许多人错误地理解了"爱情"。亲密是温暖的，激情是热烈的，承诺是冷静的，真正的爱情应当同时具备这三个要素，缺少其中任何一个都不能被称为爱情。

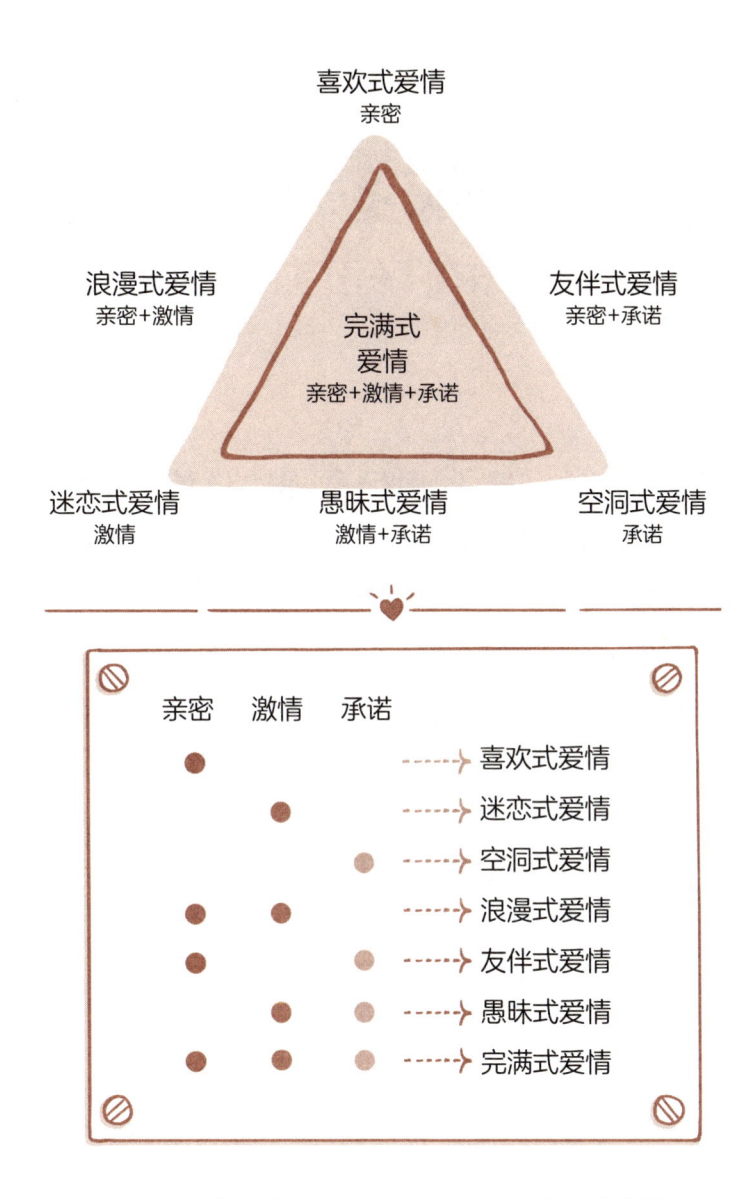

CHAPTER 07 我们为什么会喜欢一个人？

```
              喜欢式爱情
                亲密

    浪漫式爱情           友伴式爱情
    亲密+激情   完满式    亲密+承诺
              爱情
           亲密+激情+承诺

  迷恋式爱情   愚昧式爱情   空洞式爱情
    激情      激情+承诺      承诺
```

	亲密	激情	承诺	
	●			---→ 喜欢式爱情
		●		---→ 迷恋式爱情
			●	---→ 空洞式爱情
	●	●		---→ 浪漫式爱情
	●		●	---→ 友伴式爱情
		●	●	---→ 愚昧式爱情
	●	●	●	---→ 完满式爱情

　　完满的爱情，要以信任为基础，以性吸引和欣赏为催化剂，以承诺为约束，形成活力与稳定并存的情感。这是一项贯穿人生的浩大工程，需要双方用毕生的精力去培育、去呵护。正如弗洛姆所说，爱是一种能力。短暂的爱（falling in love）和持久的爱（being in love）的状态是有区别的，前者往往与性的吸引力相关，而后者是需要学习的"技艺"。

社会心理学与生活

14 自我表露：
你敢在TA面前做真实的自己吗？

生活中不乏这样的人，遇到了心仪之人，虽然内心很在乎对方，却不愿意进一步交往，甚至一度想要主动远离。他们害怕再继续交往下去，会破坏自己留给对方的美好印象。那么，是不是把真实的自己隐藏起来，戴着理想化自我的面具与对方交往，就能让关系保持美好的状态呢？很遗憾，真相并不是这样。

社会渗透理论（个体之间从表面化的沟通到亲密的沟通而经历的关系发展过程）指出，在关系发展的过程中，自我表露是亲密程度的指标之一，如果两个人之间不共同拥有一些相对秘密的私人信息，彼此的关系就称不上亲密。

知识点　自我表露，最早由美国人本主义心理学家西尼·朱拉德提出，是指个体与他人交往时自愿在他人面前真实地展示自己的行为、倾诉自己的思想。简单来说，就是告诉另一个人有关自己的信息，真诚地与他人分享自己个人的、私密的想法与感觉的过程。

心理学家研究发现，如果一个平时比较内向的人表示，我们的某些东西让他感觉"愿意敞开心扉"，并且分享他的秘密，那么多数人在这种情况下都会感到高兴。一个人在进行了自我表露之后，我们也会更加喜欢这个人。更具积极意义的是，一个人的自我表露还会引发对方的自我表露，也就是说，人与人之间存在表露互惠效应。

在亲密关系中，自我表露有助于伴侣或夫妻保持长久的感情。那些经常把自己最隐私的感情和想法与伴侣进行分享的夫妻，对婚姻的满意度普遍较高。毕竟，能够在对方面前真实地展现自己，并且知道真实的自己是被他人接受的，不必担心失去他人的爱，是一种安全的、美好的体验。

总之，人与人之间发展亲密关系的关键，就在于持续、逐步升级，相互且个人化的袒露自我。如果总是停留在分享兴趣爱好、日程安排的层面，不去探讨价值观，不敢表露自己的成长环境，不敢让对方看见自己真正意义上的"软肋"，就无法建立起真正的亲密关系。

西方生物学家早年做过一个研究刺猬生活习性的实验：

在寒冷的冬天，把十几只刺猬放到寒风凛冽的户外空地上。由于天气很冷，空地上又没有遮风避寒的东西，这些刺猬被冻得瑟瑟发抖。生存的本能让它们不由得互相靠在一起，但又因为对方身上的长刺而被迫分开。就这样，经过一次次地靠近和分开后，刺猬们终于找到了一个既可以相互取暖又不会刺伤彼此的合适距离。

这种情形后来被称为"刺猬效应"，也叫"距离法则"。

在人际交往中，人与人之间的相处要保持一个适度的距离，太远了会显得关系生疏，太近了会出现摩擦，唯有不远不近，才能让双方的关系处在一个和谐、融洽的氛围中。

人与人之间走得近，不代表彼此的心灵也靠近了，倘若只是距离近了，反倒更容易出现摩擦，产生厌倦的情绪。在与人相处的过程中，既要学会拉近彼此的距离，也要懂得给对方留有空间，把彼此的关系控制在一个相互容纳并相互吸引的范围内。

刺猬效应

唯有找到适当的距离,才能温暖彼此,并保护对方。

CHAPTER 08

偏见与歧视可以消除吗？

01 偏见：
大脑为了偷懒设置的陷阱

2017年，加州大学洛杉矶分校的法律系学生达因·苏，为了和朋友度过一个美好的假期，特意在"爱彼迎"网站上预订了一间小木屋。当天，她和朋友冒着暴风雪，驱车前往小木屋，不料却在临近之时收到了木屋主人的短信，声称要拒绝她的预订。

苏感到十分生气，她将租赁协议截屏发给了房东。然而，房东的回答很决绝："就算你是地球上最后一个人，我也不会租给你的，只用一个词语就能解释：亚洲人！"

看到这则报道，你应该已经感受到了，小木屋的主人对"亚洲人"持有强烈的偏见。

知识点：偏见，是指对某个人或某个群体所持有的一种不公平、不合理、负面的预先判断。

美国心理学家戈登·奥尔波特在《偏见的本质》一书中提到，偏见引发的负面行为有很多，根据危害程度（逐渐递增）可分为以下五类：

（1）仇恨言论：公开发表自己的偏见；

（2）回避：对受偏见的群体中的成员做出回避的行为；

（3）歧视：积极地区别对待受偏见的对象，并对该群体造成伤害；

（4）身体攻击：在情绪激化的情况下，产生暴力行为或准暴力行为；

（5）种族清洗：暴力表达的终极程度，如种族灭绝计划。

无论走到世界的哪一个角落，都会瞥见偏见的影子，它几乎存在于所有的文化之中，每个人在生活中或多或少都曾将偏见施加于他人。我们不禁要问：偏见是怎么产生的？是因为某种教育的失职，或是某种教养的缺失吗？

事实上，偏见与教养无关，而与人类的大脑有关。戈登·奥尔波特认为，偏见是人类大脑在进化过程中的副产品，它源于人类常见的一种思维谬误，即过度概括。

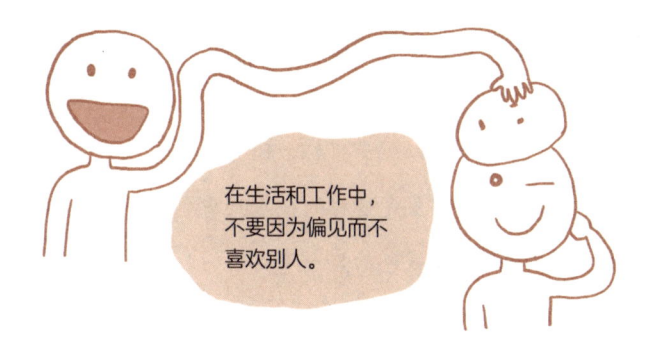

> 在生活和工作中，不要因为偏见而不喜欢别人。

大脑的本性是懒惰的，喜欢把相似的事物归为一类，减轻工作负荷。然而，在分类的过程中，不可避免地会产生一些错误的泛化，即把不属于同类的事物分在一起，且在多数情况下顽固地拒绝改变。即使遇到的事实依据可以推翻预先的分类标准，大脑也只会把不符合的个例当成特例，从而保持原来的分类。正是这种原本为了节省认知资源产生的功能，让我们落入了偏见的陷阱。

由此可见，人类天生就有产生偏见的倾向。人性中自然且正常的本能，使得我们容易做出泛化和概括，从而也就不可避免地产生非理性的分类。即使没有事实根据，我们也会根据传闻、情感投射和幻想形成偏见。

02 刻板印象：亚洲女性与黑人抢劫犯

斯坦福大学的心理学教授珍妮弗·埃伯哈特，是全球公认的隐形偏见研究领域的专家，她在阐述偏见产生的根源时，提到了刻板印象的影响。

"亚洲女性很容易成为抢劫犯的目标，因为抢劫犯认为她们不会反抗。在抢劫犯心目中，亚洲女性的形象是这样的：人到中年，十分脆弱，不太会说英语，也认不出从她们手中抢走钱包的黑人青少年的脸。所以，亚洲女性这一人群类别，很容易成为理想的受害者。

"对这群亚洲女性来说，实施抢劫的这些人也是一个人群类别。她们不知道抢走自己钱包的人到底是迈克尔还是贾马尔，只知道抢劫的人都是年轻的黑人男子。对她们来说，遭遇抢劫损失的不只是金钱，还有在奥克兰的唐人街生活的安全感。每一次被年轻的黑人抢劫，都会放大她们以前可能会忽略的刻板印象——黑人是危险的。于是，黑人与犯罪之间的联想就这样形成了。"

> **知识点**
>
> 刻板印象，是指人们对某一群体成员的特征以及这些特征形成的原因，形成概括而固定的观念和看法。

情商低
不善言辞
古板无趣
程序猿

对理工男的刻板印象

人们习惯把物质世界分为不同的类型，同样也会根据一些主要特征对人进行分类。分类不会自动产生偏见，但它是迈向偏见的开始。一旦我们把世界划分为不同的类别，就会对它们标签化，以此对群体的本质进行总结。

阿姆斯特丹大学的威廉·库门和米基尔·巴尔，通过公众舆论调查研究指出，欧洲人对其他欧洲国家的人存在明显的刻板印象：他们认为德国人勤劳刻苦、法国人喜欢安逸、英国人情感淡漠且不易激动、意大利人多情、荷兰人可靠。

从某种程度上来说，刻板印象有一定的道理，因为居住在同一地区，从事同一种职业，属于同一种族、同一年龄层的人，势必会有一些共性。刻板印象能够帮助人们快速地认识自己、了解他人、熟悉环境。但是，这毕竟只是一种概括、抽象而笼统的看法，不能代替每一个活生生的个体，有些看法可能与事实并不相符，甚至完全是错误的，从而为偏见提供支持。就像我们开篇时提到的"亚洲女性与黑人抢劫犯"的现象，一旦我们把面孔处理为"非同类"，这种分类会让我们停止对这些面孔进行深入的了解，从而作出与事实不符的预判。

03 二次防御：如何区分误解与偏见？

为了节省认知资源，大脑倾向于对事物进行分类，毕竟我们不可能对世界上所有的事物都进行单独衡量，之后再作出判断。这种粗略而笼统的反应机制，也就不可避免地让人们只根据少量的事实就进行大规模的归纳，落入过度概括的思维陷阱。

这就引出了一个问题：如果出现了全新的、有力的事实依据，完全可以证明某人之前的预判是错误的，是否可以让他摒弃原来的观念呢？在回答"是"或"否"之前，我们先来澄清一点，不是所有的过度概括都是偏见，也有可能是误解。

知识点　误解，是指在不了解客观事实的情况下，对某人或事物产生了不符合事实的观念。

如果一个人面对全新的事实证据，可以修正自己之前的观念，他之前的预先判断就属于误解；如果一个人面对全新的事实证据，仍然不改变原来的观念，这种预先判断就属于偏见。

误解和偏见最大的区别在于，当预先判断与事实发生冲突时，误解可以经由讨论而被纠正，偏见却会抵抗所有可能动摇它的证据。了解了两者的区别，我们才能对上述的问题进行作答：如果对方误解了某种事物，那么事实证据可以让他改观；如果对方对某种事物存在偏见，那么即使面对有力的反面证据，也很难让他改观。

> **知识点**　面对与观念相悖的事实证据，持有偏见者仍然坚持之前的观念，并将不符合的个例当成特例剔除，从而保留对此类别之下的其他事例的负面态度，戈登·奥尔波特把这种"允许特例出现"的心理机制称为"二次防御"。

奥尔波特指出，在许多有关黑人的讨论中，都存在"二次防御"的现象。

当一位对黑人存在严重偏见的人，在面对有利于黑人的事实证据时，往往会引用一个老掉牙的问题："你愿意你的姐妹与黑人结婚吗？"如果对方回答"不"，或是显得稍有迟疑，偏见的持有者就会说："你看，黑人和我们就是不一样的"或者"我说得没错吧？黑人的本性中就是有一些令人厌恶的东西。"

奥尔波特强调，只有在两种情况下，人们不会启动"二次防御"来维持原有的过度泛化：第一，习惯性的开放态度，有些人在生活中很少用固定的类别框架评判他人，对所有的标签、分类和笼统的说法都表示怀疑，但这种情况比较少见；第二，出于自身利益对观念进行修正，比如，一个人经历了惨痛的教训后，意识到自己的预先判断是错误的，必须修正。

通常情况下，人们还是倾向于维持自己的预判，因为这样做更轻松。只要自己和周围人对此都没有异议，很少有人会重新思考那些构成自己生活根基的信念。

04 歧视：无处不在的区别对待

对于那些跟自己不太合拍的人，我们往往会选择主动远离，减少不必要的烦恼和消耗。这种做法不涉及道德问题，也谈不上偏见，纯粹是个人的抉择。可是，如果我们采取限制性约定、抵制、社区压力等方式，对某个特殊群体成员进行驱逐，就另当别论了。

知识点：拒绝让特定个体或群体享有他们可能希冀的平等对待，使之得到不同程度的损失，这种现象被社会心理学家称为"歧视"。

偏见是一种负面态度，歧视是一种负面行为，歧视行为的根源往往来自偏见。联合国的正式备忘录是这样界定歧视的："歧视包含任何基于出身或社会分类而做出的区别对待，且这样的评判与个人能力或优点无关，或与个人的具体行为无关。"

歧视的形式有很多种，且存在于不同的领域，大家熟知的歧视行为包括：种族歧视、地域歧视、户籍歧视、职业歧视、年龄歧视、就业歧视，酒店、餐厅、咖啡厅等场所将某一类人拒之门外，以及对某一群体成员设置空间边界等。

一位黑人女孩申请了美国联邦政府办公室的职位，从面试到入职的每一个环节，她都遭遇了针对性的歧视。比如，一位工作人员告诉她，这份工作已经有了合适的人选；另一位工作人员提醒她，在一个满是白人的办公室里工作，对她而言是不舒服的。不过，这个黑人女孩并未动摇自己的决心，最终她得到了这份工作。

这不是一碗励志鸡汤，因为故事尚未结束。当这个黑人女孩自以为已经克服了种种障碍，终于可以步入坦途时，却没有想到，上司把她的办公桌安置在了一个角落，并且用屏风做了一个围挡。是的，她被隔离了。

歧视的形式是多样的，而由歧视引发的仇恨言论更加普遍。心理学家研究发现，人们的仇恨言论所造成的恶劣影响，通常比实际的歧视行为更加严重。那么，人们为何如此容易产生歧视行为呢？

对于这个问题，社会心理学家亨利·泰弗尔和他的学生给出了一个简单的答案：自尊。人们青睐自己所在的群体，其实就是在青睐自己，哪怕这个群体极其微小，且不具实际意义，但它仍然会引起群体成员的高度关注。爱自己的群体就是爱自己的一种表现，给予群体好评就是认可自己的一种方式。在身份风险面前，人们都是感性的集合。

05 种族偏见：乔治·弗洛伊德之死

恩莫德·巴尔克说过："以少数几个不受欢迎的人为例来看待一个种族，

这种以偏概全的做法是极其危险的。"翻看历史的长卷，许多国家在发展过程中都存在种族偏见，并由此引发了各种各样的种族歧视、种族镇压，甚至种族屠杀等不公正的行为。

> **知识点** ｜ 种族偏见，是指个体对其他某个族群的个体或群体的看法，认为该族群的人比其他族群的人更低等，并对其产生各种敌对与仇恨。

2020年5月25日晚上，非洲裔美国男子乔治·弗洛伊德因涉嫌使用假钞购买香烟，被白人警察当街跪压颈部长达9分钟，其间弗洛伊德多次挣扎求饶，表示"我无法呼吸"，却未能阻止白人警察的暴力执法。最终，弗洛伊德窒息身亡。英国《卫报》称，在"弗洛伊德之死"发生之前，类似这样的事件已经屡屡在美国少数族裔身上发生。

社会学家德瓦·佩吉尔派遣了一些训练有素、说话得体的大学毕业生，带着相同的简历，访问密尔沃基市350多个招聘初级职位的雇主。这些申请者中，有一半是白人，一半是黑人，研究员要求他们要对雇主表现得彬彬有礼。每一组申请者中，有一半的人在申请表上告知，他们因持有可卡因而在监狱服刑过18个月。结果显示：对于那些声称有犯罪记录的人，雇主联系白人申请者的比例是黑人申请者的2倍！

无论是"弗洛伊德之死"那样的悲剧，还是"种族身份对雇佣的影响"，都说明了同一个问题：对于美国少数族裔来说，种族偏见从1619年第一批黑人被运到北美大陆开始，至今仍然存在。只不过，美国的白人倾向于用现在的情形和充满压迫的过去相比较，感觉这个问题得到了根本性的转变；而黑人则倾向于用当下的处境与他们心目中的理想状态相比较，因为那样的状态尚未实现，所以他们感觉到的改变就比较少。

06 性别刻板印象：女司机是"马路杀手"吗？

2018年10月28日，重庆市万州区的一辆公交车与私家车碰撞后，不幸坠江。

事件一发生，立刻轰动全国和全网。有人爆料说，事故是因为开小轿车的女司机穿高跟鞋逆行所致。瞬间，"坠江事件+女司机"就成了网络搜索的热门关键词。事件迅速发酵，各大媒体和大V都争相报道转发，女司机一时间被推到风口浪尖，遭到了一片谩骂声。

重庆万州警方对事件进行深入调查后，公布了公交车坠江原因：根据车内监控视频显示，事故原因系乘客与公交车司机发生争执互殴，导致车辆失控，在行驶中突然越过中心实线，撞上了对向正常行驶的小轿车后，冲上路沿撞断护栏，随后坠江。

坠江事件真相大白了！那些一开始不断声讨私家车女司机的媒体、大V和千万网友们，有的悄悄删除了之前的不实报道，有的就当什么都没发生过，开始把批判指责的矛头指向公交车上情绪失控的乘客。可是，那个饱受舆论伤害的无辜女司机及其家属，却没有因为事件真相大白而感到欣慰，网络暴力对他们造成的伤害已经形成，甚至成了难以抹去的一道伤痕。

在重庆公交坠江事件中，为什么"女司机"会被推到风口浪尖？

不可否认，最初曝光的那一段不太完整的视频，让人们产生了一定的误解。然而，当人们得知开私家车的是一位"女司机"时，事态却开始迅速升级，一时间各种对"女司机"的声讨接踵而来。在许多人看来，"女司机"就是"马路杀手"的代言人；平时遇到开车慢的、转弯不打灯的，也会惯性地附上一句"肯定是女司机"。

女司机真的是"马路杀手"吗？让我们来看几组真实的数据：

根据交通事故统计，交通事故有90%发生在男性身上，只有10%由女性造成。虽然有男司机的基数大于女司机的客观因素存在，但这两个数据之间的巨大差异仍然不可小觑。以南京交管部门公布的数据为例：截至2017年2月底，南京共有312万名机动车驾驶员，其中男司机202万人，女司机110万人。2016年南京发生轻微交通事故57481起，其中由男司机引发的事故占到81.5%，而女司机肇事只占总数的18.5%。

综合来看，女司机开车比男司机更为谨慎，也更加注意安全。人们之所以认为女司机容易"掉链子"，将其称为"马路杀手"，在很大程度上是一种性别刻板印象。

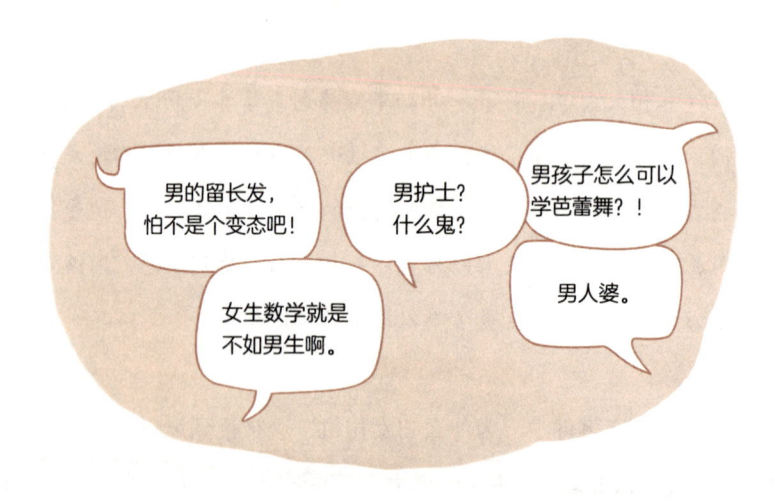

CHAPTER 08
偏见与歧视可以消除吗？

> **知识点** 性别刻板印象，是指社会对男性或女性产生的一种固化的看法，即没有进行实质性的交往，就对某一类人产生了笼统的、不容易改变的简单评价。

性别刻板印象来自对性别角色的社会共识，即社会文化期待的男性或女性的一般行为模式，让人们误认为某种性别就应该是某种样子。比如，人们认为男性更擅长技术性工作、女性更擅长关系性工作；男性擅长理科，女性擅长文科。其实，大脑生物基础和认知结构的研究显示，男性与女性的数理能力是一样的，实验研究也证明，男生和女生的数学表现没有任何差异。

心理学家曾经做过一个实验：对具有相同数学背景的男女大学生，进行一个难度很高的数学测验。当他们告诉学生，这个测验不存在性别差异，不会对任何群体刻板形象作评价时，女生的成绩与男生是一样的；一旦告诉学生存在性别差异，女生就会戏剧性地让这些刻板印象得以验证。在遇到难度较大的题目时，女生会感到焦虑不安，影响正常水平的发挥。

无论哪一方面的性别刻板印象，对于丰富多彩的人性来说都是束缚与压迫。性别刻板印象对女性的压迫，在职场上表现得也很明显。人们普遍认为，女性的领导力、决策力都不如男性，调查研究显示，相当大比例的中国女性自认为不适合做领导。同时，女性在职场上很容易遇到天花板，看起来明明有晋升的空间，却总是升不上去。照此说来，男性是不是不存在性别刻板印象呢？

其实不然，在事业成就方面，性别刻板印象对男性的压迫也是很明显的。人们总是强调，男人要敢于拼搏、要追求事业上的成功；要是选择做全职爸爸，会饱受周围人的冷眼和讥讽。如果一个男性行为方式不符合性别刻板印象，他将会承受巨大的舆论压力和内心折磨。

没有一种性别需要带着与生俱来的标签，女性可以是坚强的、顽皮的、爱冒险的，可以勇敢地追求事业；男性也可以表达软弱与恐惧，用哭泣抒发情绪。性别刻板印象提醒我们，不要对性别存在固有的、僵化的看法，每个人都应得到他人充分的尊重。

07 刻板印象威胁：
负面偏见带给人的痛苦

1991年，著名的科学传播学者泰森在美国哥伦比亚大学获得天文物理学博士学位。当时，全美大约有4000位天文物理学家，其中非洲裔仅占7人。在一次演讲中，泰森表达了压抑已久的心声："社会观点认为，我在学术上的失败是可以预期的，而我的成功则归因于他人。我一生中多数时间都在对抗这些态度，它们成为我的情绪负担，是一种智力的阉割，连我的对手，我都不愿意他们承受这些重担。"

泰森的痛苦和烦恼正是源于刻板印象为他贴上的标签——人们都认为美国非洲裔学生的智力水平普遍比白人学生低，很难取得很高的学术成就。

实际上，类似这样的现象在社会中比比皆是，几乎每个群体都被贴上了不同的标签，如"女司机开车不靠谱""程序员的情商比较低""南方人小心眼""北方人直性子""女生学不好数理化"等。当一个人背负上这些负面偏见时，往往会产生刻板印象威胁。

> **知识点** 刻板印象威胁，是指个体在某种环境中担忧自己的行为将会验证那些对自己所属社会群体的负面刻板印象，这种焦虑会影响个体的表现。

当消极自我刻板印象被激活后，个体害怕自己会印证消极的刻板印象，因而要花费大量认知资源去压抑刻板印象带来的消极想法。然而，一个人的认知资源是有限的，意志力被严重耗损之后，再遇到需要自我控制的任务时，个体就会显得力不从心、表现变差。

> **知识点** 刻板印象威胁不仅仅存在于刻板印象发生作用的情境中，当被威胁对象脱离了威胁情境后，其仍然会对个体产生负面的影响。

刻板印象威胁之所以会出现外溢效应，原因在于刻板印象是一个压力源，它会引发被威胁对象的心理压力和高度警惕，以及对验证刻板印象的恐惧。

面对刻板印象威胁，我们可以做点什么呢？美国社会心理学家克劳德·M.斯蒂尔，在其著作《刻板印象》中分享了三个解决方案：

1. 自我肯定：发挥优势，提高对刻板印象的"抗性"

在学习或工作中，我们难免会受到自我和外部带来的刻板印象威胁，遇到难题时往往不是第一时间想着怎么解决，而是将其归咎于自己的原始身份。要打破这一思维困境，需要帮自己建立起"自我肯定"的理念，比如，写下自己最看重、最擅长的三个方面，并通过文字对其进行扩充，清晰地看到自身的优势。经由多次训练，我们会逐渐建立起"自我肯定"的信念。

2. 放下比较：不断获取知识，跳出刻板的牢笼

每个人都有长处和不足，拿自己的短板与别人的长处相比，只会打击自信心，放大焦虑情绪。正确的做法是，努力发挥自己的优势，积累成功经验，获

得认可。与此同时,还要不断地获取知识、提升自我,不局限于现在所处的位置。倘若原地踏步,不思进取,就很容易以过往的经验来处理问题,把自己困在刻板印象的牢笼之中。

3. 成长型思维:相信自己的能力是可以发展的

卡罗尔·德韦克在《终身成长》里指出:"拥有成长型思维模式的人,相信自己的能力是可以发展的,他们对于挑战从不畏惧,甚至是热爱,相信自己的努力,即使遇到挫折,仍然能够通过自己的能力重新再来。"

我们无法完全消除刻板印象,但可以通过拓展自身的知识和阅历,用能力和实力撕掉被贴在身上的标签,削弱刻板印象带来的负面影响。

08 无意识偏见:
人们都不认为自己有偏见

多伦多大学的两位医生唐纳德·雷德尔迈尔和西门·巴克斯特,在翻阅2004~2009年多伦多大学医学院的面试结果时发现:在雨天参加面试的学生似乎比在晴天参加面试的学生评分更低!

这并不是一件"小事",他们把学生的面试结果和医学院入学考试的分数进行对比,惊讶地发现:面试分数的差异相当于把一部分学生的入学考试成绩降低了10%!这足以决定学生是否会被录取,是否可以成为一名医生。

难道说,面试官是根据天气状况来决定录取哪些学生的?还是说,他们的心情无意间受到了天气的影响，而心情又进一步影响了他们对学生的看法？无论是哪一种情况，听起来都挺荒谬的，但事实的确如此，无论所作的决策是大是小，环境因素都会对我们造成影响，只是很多时候我们自己并没有觉察到。

心理学、认知神经科学、社会学等领域的专家进行了数百次的测试，结果都显示：人类有着根深蒂固的偏见，但人们从来都不觉得自己有偏见。

> **知识点**：无意识偏见，是指人们认为自己没有偏见，但其潜意识中潜藏着对特定群体或特征的偏见。

霍华德·J.罗斯在《无意识偏见》一书中列举了大量无意识偏见的实证案例：

英国莱斯特大学心理学系音乐研究小组的研究员经实验发现：如果超市播放的是法国手风琴音乐，出售的葡萄酒中有76.9%产自法国；如果超市播放的是德国啤酒屋的音乐，出售的葡萄酒中则有73.3%产自德国。可是，参与实验的顾客中，只有14%的人在购物后承认他们注意到了音乐，只有1人表示音乐影响了购物选择，其他顾客根本就没有留意到这一点。

宾夕法尼亚大学沃顿商学院的教授研究了1991~2003年NBA裁判做出的共计60万次的犯规判定，在剔除大量的非种族因素后发现：白人裁判会给黑人球员吹更多的犯规哨；而黑人裁判会给白人球员吹更多的犯规哨，但从统计数据上看，黑人裁判的偏见并不像白人裁判表现得那么明显。

霍华德·休斯医学研究所的研究员经过实验证明了性别会影响科研人员的聘用情况：在面试实验室经理职位时，即使男性候选人和女性候选人的简介信息完全一样，但科学教授普遍给男性候选人的评分更高，并开出较高的薪酬待遇。

这些行为都是在无意识的情况下发生的，且都是偏见的表现，人们却没有意识到自己在这样做。就像美国心理学教授布雷特·佩勒姆所说："实际上，所有的偏见都是无意识的。例如，女性更善于养育，男性更有力量，这一想

如何避免无意识偏见呢？

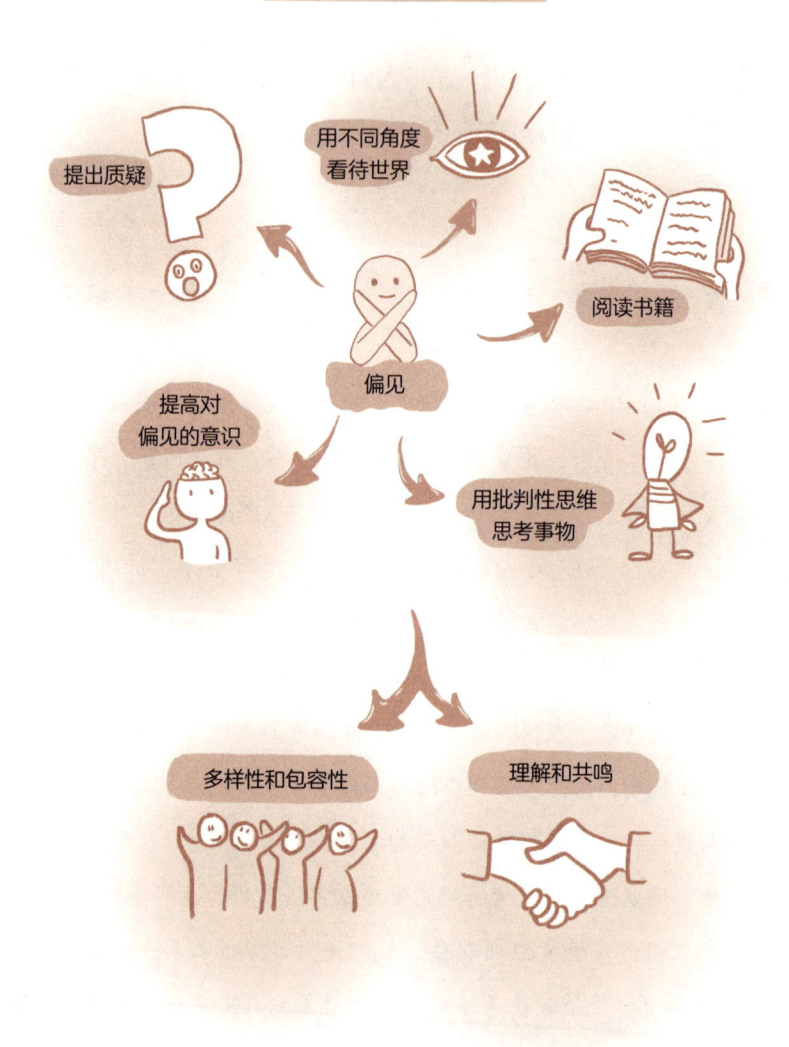

- 提出质疑
- 用不同角度看待世界
- 阅读书籍
- 提高对偏见的意识
- 偏见
- 用批判性思维思考事物
- 多样性和包容性
- 理解和共鸣

法已经在我们心里根深蒂固了,就像巴甫洛夫的狗听到铃声就知道马上可以吃到食物一样。偏见让我们在生活中不用每遇到一件事就重新进行评估。"

09 确认偏见:相信自己愿意相信的

1979年,由哈尔·阿什贝执导的喜剧电影《富贵逼人来》上映了,该片的灵感来自耶日·科辛斯基的同名小说,讲述了一个头脑简单的老园丁阴差阳错当上总统智囊的故事。

畅斯在华盛顿特区的一位富翁家中做园丁,他从未与外界接触过,也不会读书写字,每天以看电视度日,所有的知识都来自电视。长久累积下来,他的世界观和行为已经完全电视化。富翁雇主去世后,畅斯被迫离开豪宅,开始真正地踏入社会。

一日,本杰明·兰德的妻子的豪华轿车不小心撞到了畅斯,当时他正穿着老雇主的名贵西装。见他举止得体,谈吐颇有教养,她阴差阳错地把这个老花匠当成了落魄绅士。当她问及畅斯的名字时,他回答说:"园丁畅斯。"不料,她错听成了"昌西·加德纳"。就这样,畅斯被招待进了本杰明·兰德家的豪宅,由于他的着装、外表和谈吐不俗,所有人都认为他是一位出身上流社会受过良好教育的顾问,这也使得畅斯得到了本杰明的赏识。

本杰明是美国白宫的元老顾问,当时经济萧条,总统想要宏观调控干预救市，于是本杰明就把畅斯推荐给了总统。心性单纯、不谙世事的畅斯，在总统面前表现得从容冷静、胸有成竹，总统误以为他对经济政治形势十分了解。当他询问畅斯刺激经济的措施时，畅斯用极其简单的话语说出一年四季花园的变化，归纳出了一个"花园理论"。很快，畅斯便声名鹊起，开始出现在电视脱口秀的节目中。民意调查显示，公众很喜欢他的"简单智慧"。后来，本杰明·兰德去世，畅斯继承了资本巨鳄的权势，成了政客们倚重的智囊。

这是一部充满幽默和讽刺意味的影片，真实的畅斯就是一个心性单纯、不谙世事的老园丁，人们却因为他的绅士装扮、颇具教养的谈吐，认为他是上流社会的精英人士。因为事先有了这样的预判，所以不管畅斯说什么，他们都会将其和"睿智"联系起来，以此来确认自己的观点。他们完全没有发觉，畅斯是一个什么都不懂、只会照顾花草的老园丁。这种现象在社会心理学上被称为"确认偏见"。

> **知识点**
>
> 确认偏见，是指人们倾向于搜集信息或做出反应以确认自己已经建立的信念或想法。

在现实生活中，一旦人们认定了某个观点，就会持续地、有选择地寻找证据来证明自己的观点是对的，同时有选择地忽略和无视那些反面的证据。换句话说，我们总是趋向于看见自己想看见的，相信自己愿意相信的。

明尼苏达大学的研究员开展过一项与确认偏见有关的实验：

他们邀请两组被试阅读同一本书，内容是一个名叫Jane的女人在一周内的生活。其实，Jane是研究员虚构出来的一个人物，她的性格时而外向，时而内向。几天以后，被试读完了关于Jane的书，研究员开始向两组被试提问。

A组被试要回答的问题：Jane是否可以做一名图书管理员？

B组被试要回答的问题：Jane是否可以做一名房产经纪人？

A组被试回忆，Jane是一个性格安静的女孩，很适合图书管理员的工作；B组被试回忆，Jane性格外向，很适合做房产经纪人的工作。随后，研究员问两组被试：Jane是否适合做其他工作？两组被试都给出了否定的答案。

上述的实验研究表明：即使是记忆，也会被大脑的确认偏见所影响，大脑会选择性地留下那些符合我们预判的记忆，而忘掉那些违背我们观点的信息。

确认偏见是人类心理自我保护机制的副产品，是人们为了维护自身信念而创造出来的思维陷阱，让人失去客观和理智而不自知，反而觉得自己的观点是最客观的。我们只有不断学习并运用科学的决策理论和工具，才能尽量减少确认偏差的影响。

10 爱的偏见：
被爱蒙蔽了双眼

不少拥有良好教养的欧洲人对美国心存偏见，这种现象在19世纪表现得尤为突出。1854年，一个欧洲人以轻蔑的口吻说道："美国是一个巨大的疯人院，里面满是欧洲的流浪汉和社会渣滓。"这种夹杂着愤怒与敌意的批判，究竟从何而来？

费斯汀格的认知失调理论指出，个体内部有一种渴望协调、稳定和统一的内驱力，对于不相协调的价值观和信仰会感到不适甚至是厌恶。从本质上来说，不同的信仰具有不同的价值体系，而人们对自我价值观的肯定与捍卫，是导致偏见的一个重要原因。

> 美国是一个巨大的疯人院，里面满是欧洲的流浪汉和社会渣滓。

知识点 为了捍卫和维护个人的价值体系，人们往往会做出毫无依据的预判，对可能威胁到自身价值体系的人和事物进行贬低，以抬高自身的价值取向。

敌意往往来自偏爱，即对自身价值系统的维护。斯宾诺莎将"出于爱的偏见"称为"被爱蒙蔽了双眼"，强调人们出于喜爱往往会对某人做出过高的评价，就像坠入爱河中的恋人认为对方的一切都是完美的。同理，人们对于自身信仰、组织或国家的爱，也会让他们对其做出过高的评价。

欧洲的评论家们对自己的国家、祖先和文化充满了爱，并为之感到骄傲。当他们来到美国之后，隐隐地感受到了某种威胁，便以贬低美国的方式来获取安全感。其实，他们并不是一开始就厌恶美国，而是由于偏爱才引来了仇恨的偏见。究其根源，还是他们太珍爱自己原来的存在模式和价值体系了。

由偏爱而引发的偏见，恰如弗洛伊德所说："在对自己不得不与之接触的陌生人不加掩饰的厌恶与反感之中，我们意识到，这其实是对自己的爱的表达，是一种自恋。"

11 内群体偏好："我们"优于"他们"

网络上热传过一段手机拍摄的短视频：一位地铁工作人员与一位乘客发生了语言冲突，地铁工作人员用带有地域歧视的话羞辱乘客是"外地人"。视频一经流出，在网络上引发了关于"本地人"对"外地人"存在偏见的争论。

从社会学的角度来看，"本地人"和"外地人"是根据人们的心理归属而进行的一种群体划分方式。"内群体"与"外群体"的概念最早由美国社会学家威廉·格雷厄姆·萨姆纳在《民俗论》中提出，他试图用这两个概念描述个体的群体归属、群众意识，以及群体对个体的影响。

内群体，是指一个人所属的且对其有认同感和归属感的群体，也被称为"我们群体"，成员之间有亲密感和认同感。外群体，是指内群体以外的所有社会群体，是人们没有参与也没有归属感的群体，也称"他们群体"。

> **知识点** 人们通常认为自己所属的群体更优越，对外群体怀有蔑视、厌恶、回避或仇视心理，没有互动、合作、同情心，对其成员怀有偏见和怀疑，这种心理现象被称为"内群体偏好"。

社会认同理论认为，当个体获得某一群体成员身份后，总会不自觉地把自己所属的内群体与外群体进行比较，并对自己所属的群体产生积极认同，倾向于给内群体成员更多的资源和正向的评价。

每个人都希望维持和提高自己的自尊，积极的群体地位通常会提高个体的自尊水平，强烈的群体认同感让个体形成了"爱的偏见"，在不知不觉中贬低外群体，并对外群体产生偏见。反之，如果个体无法从自己所属的群体中获得自尊，甚至内群体可能会降低个体的自尊水平，个体对内群体的认同水平就会下降，并渴望脱离所属的群体。

12 污名意识：
人们为何忌讳心理疾病？

一个女孩在高二那年患上了抑郁症，无法正常上学，可父母却坚定地认为她没有问题，就是胡思乱想，太娇情了。女孩表示自己很痛苦，想要寻求帮助，却遭到了父母的阻拦。父亲甚至想找医生开一个诊断单，证明她没有病，让她重返校园。

女孩难以忍受抑郁的折磨，在家里自寻短见，万幸被救了回来。父母这才意识到，女孩的问题远比他们想象得要严重，这才带女孩去看精神科医生，并进行辅助心理治疗。

当身体的任何一个器官出现问题时，人们第一时间就会想到看医生，并会感到安慰。可是，当心理感到不适时，无论是患者自身或是其家人，都很少会主动寻求帮助。因为在过去的很多年里，人们对心理问题缺少了解和正确的认知，对心理疾病患者产生了严重的偏见和歧视，给他们贴上了"变态""不正常""精神病"等污名标签。这就导致即使人们意识到了自己存在心理问题，在"病耻感"的牵绊之下，也不愿或不敢去就医。

相关研究表明，心理疾病患者的病耻感明显高于癌症患者。"简单心理"与北京大学心理咨询与治疗中心联合发布的《2016心理健康认知度与心理咨询行业调查报告》中显示，46.2%的受访者认为心理脆弱的人才会有心理问题，26%的人认为心理"有病"才需要做心理咨询。在偏差样本的情况下，仍然有很多人对心理咨询和心理疾病持如此消极的态度。

类似这样的现象，在社会心理学中被称为"污名意识"。

知识点 | 污名意识，是指人们在多大程度上预期他人会对自己产生刻板印象。

达特茅斯学院的两位研究员曾经做过一个实验：让化妆师在一些被试女生的右侧脸颊上制造出一块明显的"伤疤"，并告诉她们这样做是为了测试其他人看到这块"伤疤"时的反应。实际上，这个实验的真实目的是，研究被试女生在看到自己脸上的"伤疤"后，会如何想象他人对自己的看法。

化妆师在让被试对镜独照之后，以"给疤痕固定"的理由，将这些疤痕悄悄地去除了，而被试女生全然不知。接着，被试女生就在研究员的安排下与一名女士进行谈话。她们觉得，这位女士看自己的眼光很怪，带着一些紧张、冷漠和怜悯。实际上，这些都是被试女生自己的臆想，她们以为自己脸上有"伤疤"，对自己的评价改变了，故而曲解了他人的行为。

污名意识,很容易让人陷入自我制造的刻板印象威胁中,变得敏感多疑,错误地认为别人的反应是针对自身的某一特质而来,从而降低幸福感。

13 公正世界信念:为什么会出现受害者有罪论?

透过新闻报道和电影题材,我们不难发现,在不少性侵案、强奸案中,犯错的明明是强奸者,被谴责的却是遭受侵害的女性:"你为什么要穿性感、暴露的衣服?""明知道不安全,为什么还要和他单独出去?""你不懂得怎样保护自己吗?""为什么你要轻信坏人?"……这些言辞的逻辑都是一样的,暗示受害者遭遇强奸是自身所致。

受害者因为自己的不幸而被指责,无论他们遭遇的是虐待、性侵、犯罪还是贫困。很显然,这是典型的"受害者有罪论"。可是,为什么会出现如此荒唐的偏见呢?

知识点:人们需要相信自己生活在一个公正的世界,遵循"善有善报,恶有恶报"的法则。如果无辜者蒙难、好人遭受厄运,这种公正世界信念就会受到威胁,让人陷入矛盾之中。所以,为了维护这一信念,人们会采取各种方式在心理或身体上疏远受害者,或责备受害者。

1966年，心理学家勒纳和同事开展了一系列实验，来研究观察者对受害者的态度。他们招募了一批女性被试，让她们观察一位女性（实则是演员）的"学习测试"，即回答问题有误就会遭受电击。实验过程中，所有的电击和受害者的反应都是假的，但被试并不知情。起初她们觉得太过残忍，都不忍直视，但随着实验的进行，被试对受害者的态度逐渐发生了转变，从同情变得充满敌意。

观看完整个过程后，研究者告诉被试，接下来要继续观看同一个受害者参加测试和被电击的场景。有一些被试被告知，之后的电击实验会变本加厉；另一些被试被告知，在痛苦的测试结束后，受害者将会得到一笔丰厚的实验酬劳。

在上一次测试的结尾，被试对受害者已经产生了敌意情绪，鉴于这一点，研究者认为：如果被试得知受害者将会获得金钱奖励，她们一定会备感愤怒，甚至辱骂受害者。然而，实际的情况却是，被试在得知这一情况后，对受害者的敌意消失了，取而代之的是赞赏。真正对受害者产生厌恶之情的，是那些被告知受害者将会接受更多惩罚的被试，她们认为受害者遭到电击是因为她太笨了、表现不好，总是给出错误的答案。

对于这样的实验结果，勒纳解释说：当被试看到无辜的人受到伤害而又无法解决时，她们的公正世界信念受到了威胁。为了抑制这种感觉，她们会为受害者制造一个理由，认为她的悲惨遭遇完全是应得的。后续，勒纳又开展了几次重复实验，结果都证明：在困境无法解决的情况下，实验者越让受害者显得"无辜"，受害者遭受的贬低就越多。

看完勒纳的实验，多数人可能会觉得，公正世界信念不是一件好事。其实，这样的判定并不客观，因为它的存在也有积极意义。相信世界是公正的这一信念，有助于个体成功应对复杂的物理和社会环境，关注长远目标，遵循社会规范，增强对世界的掌控感。

想要降低公正世界信念的负面影响，最简单的办法就是提出更多的问题，质疑为什么作恶者会持续做出伤害行为？以及在多数人都想要一个公平世界的情况下，为什么有些人被允许得到超越公平的份额？心理学家通过实验发现，当报道的语言、思考的视角侧重于作恶者的行为时，受害者遭受的指责会明显减少。

14 接触假说：如何有效地消除偏见？

偏见是人们心中难以逾越的高墙，让人不自觉地对某一个体或群体产生厌恶和排斥。为了消除偏见，人们曾经做出过许多尝试和努力。

1954年，8岁的黑人女孩的父母向法院起诉，认为提供给黑人隔离的学校设施是不平等的。他们的孩子琳达·布朗，每天必须步行1.5公里绕过火车调车场，到堪萨斯州托皮卡市的黑人小学上学，而她家附近的白人儿童公立学校仅隔7条街的距离。

当时，托皮卡市的学校体制是按照不同的种族分开，依照"隔离但平等"的原则，这种体制是合法的。然而，琳达的父母却认为，学校体制忽略了许多"无形"的因素，种族隔离本身对黑人儿童的教育产生了有害的影响。

最后，联邦最高法院一致裁定，公立学校的种族隔离体制违反宪法，首席大法官厄尔·沃伦指出，在公众教育领域中，"隔离但平等"是行不通的，分

CHAPTER 08
偏见与歧视可以消除吗？

离的教育制度注定要造成不平等。这一划时代的决定，使"隔离但平等"被画上句点，黑人与白人的平等权向前迈进一大步。

面对这一历史性的裁决，当时有很多政治家、学校管理人员表示无法理解，他们认为黑人和白人被迫在一个学校里上学，肯定会成为一场灾难。然而，社会心理学家却为此判决感到兴奋，他们相信行为的改变会促使态度的改变。他们预测，一旦黑人儿童和白人儿童可以直接接触，持有偏见的儿童和他们的父母会打破原来对外群体的刻板印象，在现实的接触中对其有更多的了解，从而产生理解和友谊，社会心理学家的这一观点被称为"接触假说"。

> **知识点**
> 接触假说，也称群际接触假设，这一理论认为：不同社会群体成员在互不接触的情况下，对对方的情况了解甚少，很容易产生误解；增加不同群体成员之间的社会性接触，有助于改善群际关系，减少群体之间的偏见与歧视。

> 不同社会群体成员接触是减少偏见最有效的方法之一。

在破除公立学校的种族隔离制度之后，情况是否像社会心理学家预估的那

样呢？

有人拍摄了大多数被废除种族隔离学校校园的空中照片，结果发现事实并没有那么顺利和乐观：白人小孩还是倾向于和白人小孩在一起玩，而黑人儿童则倾向于和黑人儿童聚集在一起，拉美裔的孩子也呈现出了同样的情形。

为什么会出现这样的情况呢？难道说，接触假说是无效的？我们不能简单地对此进行判定。无论是在实验室里，还是在现实社会中，接触假说都得到了有效的验证。

社会心理学家在以白人为主的大学里，对黑人和拉美裔学生进行纵向研究时发现：与白人学生建立友谊增强了他们的归属感，减少了他们对学校的不满情绪。特别是那些之前作为少数群体遭到排斥和歧视的学生，他们在态度上的转变更为明显。

真正的问题在于，美国学校废除种族隔离时，白人孩子和其他少数族裔的孩子之间存在着诸多"不平等"的问题。当时，少数族裔社区的学校，无论是硬件设施还是教学条件，都比白人社区的学校差。这些孩子突然来到一个以白人为主的中产阶级学校的环境，这让他们毫无防备，所有的规则都变了，他们要在远离自己熟悉的背景下进行竞争，这些因素会削弱他们的自尊心。同时，白人的偏见还没有大幅减少，所以少数族裔的孩子就会团结在一起，维护他们的个性，抗拒"白人"的教育价值观，以此来提高自尊。

为此，社会心理学家特别指出，让不同民族和种族背景的孩子接触只是第一步，更重要是进入同一所学校之后，要让他们建立合作和相互依存的关系，才能有效地减少偏见。如果总是面对竞争，两个群体之间的敌意是很难消除的，一旦这种不信任被牢固地建立起来，即使在非竞争条件下把这些群体聚集在一起，也会增加敌意和排斥。

CHAPTER 09

纯粹的利他主义存在吗？

01 社会交换理论:
人们为何要帮助他人?

"利他主义"一词,最早由19世纪法国实证主义哲学家孔德提出,他认为:人类不仅有利己的倾向,也有利他的倾向。在社会心理学领域,大多数的心理学家都是从行为上对利他主义加以定义,认为利他主义是一种不指望未来酬劳,且是出于自由意志的行为,即出于自愿和自择的帮助行为。许多人不禁要问,为什么人们会做出利他行为呢?

CHAPTER 09
纯粹的利他主义存在吗?

> **知识点**
>
> 社会交换理论假设人与人之间的交往受"社会经济学"指引,在社会交往的过程中,人们总是试图实现成本最小化和收益最大化。人与人之间不仅会交换物质性的商品或金钱,还交换社会性的商品,如服务、信息、地位、爱等。从长远来看,帮助行为不仅让受助者受益,同样也让施助者受益。

社会交换理论不是提倡人们要刻意算计成本和收益,只是表明这类因素可以预测人们的行为。比如,校园里来了一辆献血车,有医护人员倡导学生参加献血活动,面对这样的要求,学生们大都会权衡一些因素,如献血的代价(针扎时的疼痛、抽血时间、抽血后的疲乏感)、不献血的代价(负罪感、他人的眼光)、献血的收益(因帮助他人而产生的愉悦感、献血荣誉证书)、不献血的好处(节省时间、不用担心健康受损)。所以说,人们在决定是否提供帮助之前,往往会进行精细的计算。

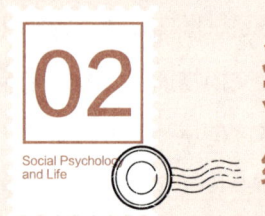

02 奖赏理论：给予的同时，也是在得到

为他人提供帮助，对施助者有什么好处呢？

知识点：奖赏理论认为，在日常生活中，人们的付出是为了获得奖赏。催生帮助行为的奖赏可以来自外部，也可以来自内部。

奖赏理论的原因

- **外部**：慷慨的行为会提升人们的社会地位。
- **内部**：帮助行为会提升自我价值感。

对商人来说，投身于慈善事业，成立各种不同的基金会，不仅能给有需要的人带来帮助，也可以提高企业的知名度和形象；对普通人来说，下班时顺路搭载同事，可以获得对方的好感和融洽的职场关系。无论是形象和知名度，还是称赞和友谊，这些都属于外部的奖赏。

除外部奖赏以外，人们做出帮助行为，还会获得来自内部的奖赏，如提升自我价值，让自己感觉良好，或是提高幸福感等。

心理学家曾经对85对夫妻进行了为期一个月的调研，结果发现：给予伴侣情感支持，对给予者有着积极的意义，会让给予者产生良好的心境。

实验研究结果还显示，投身于社区服务计划，或是帮助他人学习、辅导儿童等活动的年轻人，都发展出了良好的社会技能与积极的社会价值观念，明显地减少了辍学、早孕和犯罪等危机。另外，捐赠行为可以激活人们与报酬相关的脑区，把一部分金钱用于帮助他人，比把钱全部用在自己身上更让人感觉快乐、幸福。

看到这里，可能会有人觉得，奖赏理论意味着帮助行为永远不可能成为真正的利他行为。当回报是无意识得到的，我们可能会认为这种行为是利他的，但如果帮助行为是为了获得赞许、避免内疚、提升自我形象，这还算得上是利他吗？

对于这个问题，心理学家斯金纳有一个观点：只有当我们不能解释别人做好事的原因时，我们才会因此信任他们。当我们找不到外在的解释时，就会把他们的行为归结于内在品质；当外部原因显而易见时，我们就会认为他们的行为是出于某种目的，而不是个人品质。

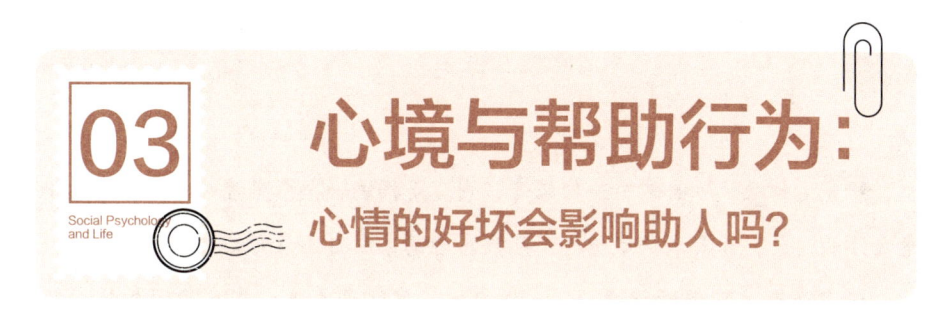

03 心境与帮助行为：心情的好坏会影响助人吗？

社会心理学家曾经做过一个实验：

在公共电话亭故意放置一枚硬币，假装是前一个人落下的。被试在捡到这枚硬币后，心情愉悦。此时，研究员抱着一堆书之类的东西从被试身边走过，故意把书掉在地上，被试会帮他捡起来吗？结果显示：在电话亭里捡到硬币、心情好的被试，大都会主动帮忙捡起书，递给研究员；反之，那些没有捡到额外钱币的人，帮研究员捡书的概率就低了很多。

知识点 | 人在心情好的时候，更乐于做出帮助行为。

也许是一次微小的成功，也许是想到了高兴的事情，或是其他任何积极的体验，都会让人变得格外乐于助人。一位坠入爱河的女士回忆说，当她沉浸在恋爱的幸福中时，她觉得所有工作都变得简单了，很愿意帮助周围的人，也想和其他人分享自己的喜悦。

如果愉悦的心境容易引发帮助行为，那么痛苦的心境是否会让帮助行为减少呢？毕竟，人在极度悲痛的状态下，通常会经历一段强烈的自我关注期，这会抑制对他人的付出。

为了弄清楚这个问题，心理学家以斯坦福大学的学生为被试开展了一项实验：

研究者让被试独自倾听一份录音，内容是描述一个罹患癌症的人在生命垂危之际的情景，并要求被试把这个癌症患者想象成自己最好的异性朋友。

研究者通过下面的指导语，让A组被试把注意力集中在自己的担忧和悲伤上：

"他（她）就要死去了，你即将失去他，再也无法跟他对话。你知道，每一分钟都有可能是你们在一起的最后时光。几个月的时间里，虽然你非常难过，可是为了他，你要装出快乐的样子。你会看着他一点一点地离你而去，直到最后消失，只剩下你孤孤单单的一个人。"

研究者通过下面的指导语，让B组被试把注意力集中在罹患癌症的朋友身上：

"他躺在病床上打发时光，挨过那些没有尽头的时日，等待着、希冀着发生什么事情。任何事情都有可能，他告诉你，没有比这更令人痛苦的了。"

研究者发现，无论是哪一组指导语，都触动了被试的内心，让他们潸然泪下。所有被试都表示，不后悔参加这个实验。完成这一阶段的测试后，研究者随即对被试提出了一个请求，让他们匿名帮助一位研究生完成她的课题，结果显示：自我关注组的被试有25%的人接受了请求，而他人关注组的被试有83%的人接受了请求。

这一实验表明：在痛苦的心境下帮助他人的行为，大概率会发生在那些关注他人的人身上。如果一个人不是全然沉浸在自己的悲痛中，那么即使他在经历悲伤，也是乐于助人的。

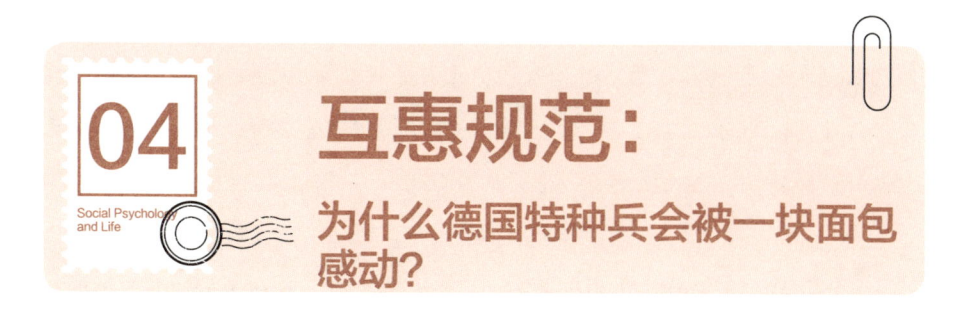

04 互惠规范：为什么德国特种兵会被一块面包感动？

在第一次世界大战中，德国的一些特种兵需要深入敌后，抓俘虏回来审讯。

有一个德国特种兵多次溜进敌人战壕，成功抓到俘虏。这次，他又出发了，熟练地穿过两军之间的无人区，突然出现在敌军的战壕中。一个落单的士兵正在吃东西，没有丝毫的防备，一下子就被缴了枪，手里还举着刚刚正在吃的面包。这时，他本能地把面包递给突然闯入的敌人。

这也许是他一生中做得最正确的一件事了。眼前的德国兵忽然被感动了，而后他做了一件事，放了敌军士兵，自己回去了。他知道，这样回去后上司定会大发雷霆，却义无反顾。

为什么德国特种兵会被一块面包打动呢？这涉及社会心理学中的"互惠规范"。

> 互惠规范是指对于那些曾经帮助过我们的人，我们应当施以帮助而不是伤害。

知识点

心理学家曾在一群素不相识的人中随机抽样，给挑选出来的人寄去圣诞卡片。他预计会收到一些回应，但没有想到，大部分收到卡片的人都给他回了一张，而那些人并不认识他。

给他回赠卡片的人，压根也没有想过去打听一下，这个陌生人到底是谁？他们收到卡片后，很自然地就回寄了。也许，他们以为是自己忘了这个人是谁，抑或是以为自己忘记了对方寄卡片的原因，但不管怎样，他们都觉得自己不能欠对方的情，给人家回寄一张，总不会错。

互惠规范是人类社会中根深蒂固的一个行为准则，如果人们接受了援助或恩惠而不能给予回报，会感到受威胁和被贬低。了解了这一规范后再看开篇的故事，就更容易理解德国特种兵的行为了。虽然他从对手那里得到是一块面包，甚至他压根就没有接过那块面包，可是他感受到了对方的善意，尽管这种善意里包含着一份恳求。那一刻，他觉得自己无论如何都不能把一个对自己好的人当作俘虏抓回去，或是剥夺他的生命。

05 社会责任规范：
应当向需要帮助的人伸出援手

互惠规范提醒我们，要保持社会关系中的予取平衡，如果平衡被严重破坏，往往会导致关系破裂。不过，这一规范并不适用于所有人，像孩子、残疾人、贫困人口等群体，他们的依赖性很强，又没有足够的能力去回报给予自己帮助的人。可是，在面对这些群体的时候，人们明知道得不到对等的回报，甚至没有回报，为什么仍然会表现出爱与善呢？

> 社会责任规范要求人们帮助这些真正需要帮助的人。

知识点　社会责任规范，是指人们应该帮助那些需要帮助的人，而不要考虑以后的交换，这是引发帮助行为的一个重要因素。

在集体主义文化的国家，人们会更强烈地支持社会责任规范，他们提倡为那些危在旦夕或是迫切需要帮助的人提供帮助，认为这是一种助人义务。

在个人主义文化的国家，社会责任规范会引导人们有选择性地助人：人们会全力援助那些不是因为自身疏忽而陷入困境中的人，如遭受了自然灾害；对于那些因为自身懒惰或不道德行为而陷入困境的人，人们往往会漠视不理，任由他们自食恶果。

总之，社会责任规范要求人们帮助那些"真正需要帮助且应该得到帮助的人"，而判断一个人是否需要帮助的关键因素就是——归因。倘若人们把他人的需要归因为不可控的困境，就会给予帮助；如果把他人的需要归因为个人选择，就会认为对方是咎由自取。

06 性别与受助：女性会比男性得到更多的帮助吗？

人们愿意向孩子、残疾人以及受灾群体伸出援手，说明人们对他人需要的知觉影响着助人的程度。那么，一向被认为更柔弱、更具依赖性的女性，是否会比男性得到更多的帮助呢？

心理学家开展过一项实验，选用的是"偶遇需要帮助的陌生人"的研究模式，结果显示：如果求助者是女性，男性会提供更多的帮助；女性则对不同性别的求助者秉持一视同仁的态度。另外的几项相关实验也表明：遇到车胎没气时，女性会比男性得到更多的帮助；单独的女性搭车者，会比单独的男性或一对夫妇获得更多的帮助。

还有一组数据显示，当年泰坦尼克号下沉时，生还者中有70%的女性和20%的男性。头等舱乘客的生还机会是三等舱乘客的2.5倍，可在这样的情况下，三等舱中女性乘客获救的概率是47%，而头等舱中男性乘客获救的概率只有37%。

> **知识点**
> 这些实验和数据都显示，在特定的情境之下，女性会获得更多的帮助。

这种现象和女性善于寻求帮助有一定关系。研究显示，女性寻求身体和精神援助的次数是男性的2倍，她们除了会求助专业人士，也会向周围的朋友求助。特拉维夫大学的专家将这一现象归因于独立与依存的性别差异，即女性更喜欢与人打交道，更重视亲密关系。

07 进化心理学：生命的本质是让基因传递下去

世上不存在能够适应所有环境的超级生命，任何物种想要绵延不断地存续下去，都要想办法提升抵抗衰退与死亡的能力。因此，进化心理学认为，生命的本质就是让基因传递下去。

> **知识点**　基因促使人们愿意关心与自己有亲缘关系的人，对他们做出奉献或帮助行为。

进化心理学家戴维·巴拉什说："基因靠善待自身来帮助自身传递，即使这些基因存在于不同的个体内。"基因让我们愿意关心那些和自己存在亲缘关系的人，基因在生物层面的利己主义，促就了人们在心理层面的利他主义。最明显的例子就是，为了提高基因存活的概率，父母会用自我牺牲的方式为自己的子女做出奉献。

除子女以外，其他亲属也与我们共享一定比例的基因，比如兄弟姐妹、表兄弟姐妹等。亲缘选择使得人们偏袒那些与自己拥有共同基因的人，有一项游戏实验显示：同卵双胞胎与异卵双胞胎相比，前者之间互相支持的意愿和程度更强烈。

实际上，不只是亲属，人们对于那些在基因上与自己相近的人群，也容易

给予更多的帮助。当自然灾害或其他关乎生死存亡的事件发生后，人们得到帮助的顺序也符合进化心理学的逻辑：先年轻人后老人，先家人后友人，先邻居后陌生人。当内群体成员遭受痛苦时，人们会产生更强的同理心，对外群体成员则表现得比较淡漠。

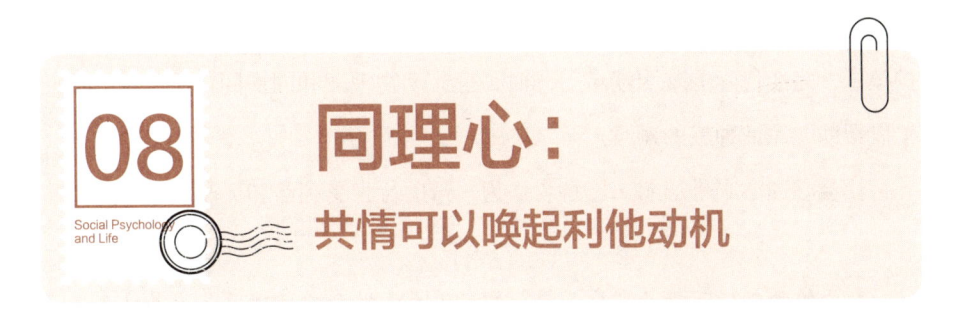

08 同理心：共情可以唤起利他动机

伯明翰大学的两位学者专门组织108位大学生进行了一次实验：

研究者安排被试观看一些令人感到疼痛的画面，如病人接受注射、运动时受伤等，然后让被试说出自己看到这些画面后的心理感受。结果显示，有近1/3的被试表示，他们能从其中至少一个场景中感受到疼痛，这种疼痛不仅仅是情绪反应，还包括生理疼痛。

对于能够产生感应式疼痛的人，研究者将其称为"反应者"，而那些未感到疼痛的人则被称为"无反应者"。随后，研究者在两组人员中各挑选10人，安排他们观看三种不同的场景：一是忍受疼痛的场景，二是令人感动而非疼痛的场景，三是普通场景。在被试观察这些场景的时候，研究者会通过仪器密切关注他们的大脑活动情况。

研究者通过实验发现，无论是反应者还是无反应者，他们在观察疼痛场景时，脑部的情感中心都会变得活跃，只是反应者大脑中感受疼痛的相关区域比无反应者更强烈。当反应者看到令人感动的场景时，大脑中感受疼痛的区域会慢慢平静下来。为此，研究者认为，该实验结果可以充分证明感应式疼痛的存在。

这种能够感受到他人疼痛的现象被称为"疼痛共情"，在人类以及猴子、老鼠等很多动物的身上，都存在此类现象。从进化的角度来理解，动物允许自己被疼痛"传染"，最直接的作用就是，让父母更加懂得如何照料、帮助和保护孩子，完成代际的基因遗传。同时，也让动物理解和同情同伴的处境，从而予以帮助，保证种族的延续。

社会心理学家丹尼尔·巴特森认为，帮助行为受利己和无私的影响。

利己的动机，是指"见死不救"的行为有违社会责任规范，容易让个体产生内疚感，遭到他人的排斥和贬低。为了减少这种情绪的困扰，人们往往会选择帮助他人。

无私的动机，是指目睹他人的痛苦会引发共情，让人们更多地关注受害者的痛苦。为了帮助他人减轻痛苦，而选择伸出援手。

> **知识点** 丹尼尔·巴特森提出的利他主义假说认为，人们对有需要的人产生共情相关的亲社会动机，其最终目的是使这个人受益，而不是为了某种微妙的自我利益。

当人们的同理心被唤起后，即使知道自己的帮助行为不会为他人所知，也愿意为受害者提供帮助；如果受害者未能成功获助，即使不是自己的责任，人们也会感到沮丧。这种同理心式的关怀，促进了人性最好的一面，也更贴近真正的利他主义。

共情是大自然赐予生物的一种天赋，以确保世间万物生生不息。所有的生物都需要共情，如果没有共情，我们就无法相互理解，更无法相互寻求支持、帮助、温存与爱。如此,即便是面对同类和至亲,也会漠不关心。如果我们希望别人快乐,就要学会共情;如果我们希望自己快乐,也要学会共情。当我们以共情温暖他人的时候,受益者不仅仅是对方,这一行为同样也在滋养和帮助我们自己。

09 榜样的力量:
友善的行为是可以传染的

班杜拉的社会学习论认为,个体行为在社会情境中会因他人的影响而发生改变,其中观察和模仿发挥着重要的作用。模仿是指个体在观察学习时,向

社会情境中的某个人或群体行为学习的过程，模仿对象就是所谓的"榜样"和"楷模"，他们所起到的示范作用在很大程度上可以激发公众的道德感与责任感。同理，当有人陷入困境，如果身边出现了一位热心助人的榜样，通常也会引发其他人施以援手，为受害者提供帮助。

> **知识点** 社会心理学家经研究证实，亲社会的榜样会促进利他行为。

有一项针对洛杉矶驾车者的研究发现：如果让驾车者在400米远的距离目睹一个为他人提供帮助的榜样，他们会更乐于帮助汽车爆胎的女士更换轮胎。在另一项研究中，研究者还观察到，新泽西的圣诞购物者在看到他人向募捐箱里投入钱币后，也会增加捐款的概率。

心理学家发现，人们在目睹他人做出令人感动的善举后，会产生一种特殊的生理感受，胸腔犹如被温暖和激情包裹，让人们不禁战栗、流泪、喉咙抽紧。在这样的状态下，人们会变得更富有奉献精神。

特别需要指出的是，榜样不总是言行一致的。实验表明，耳濡教诲会对人的道德观产生影响，目染行为也有同样的效用。如果碰到了伪善者，我们也可能会听从"榜样"的话，模仿"榜样"的行为。所以，无论是成人还是孩子，一定要选择好榜样，谨慎地模仿他们。

10 时间压力：
不去施救的路人是冷漠无情吗？

《圣经》里面有一个关于"善良的撒玛利亚人"的寓言故事：

一个犹太人被强盗抢劫，身受重伤，奄奄一息地躺在路边。祭司和利未人路过此处，都对伤者不闻不问，就像没有看见一样。后来，有一个撒玛利亚人经过，他不顾教派的隔阂，向受伤的犹太人伸出了援手，还自己出钱把他送到旅馆休息。

社会心理学家丹尼尔·巴特森和约翰·达利从这个寓言中发现了影响人们做出帮助行为的另一个重要因素——时间压力，并根据寓言中的情境设计了一个实验进行验证。

> **知识点**
> 时间压力会影响人们的助人行为。

实验的被试是普林斯顿神学院的学生，研究者让他们前往附近的录音室进行一个即兴演讲的录音，其中有一半被试的录音主题是"善良的撒玛利亚人"的寓言。在前往录音室的途中，被试会偶遇一位瘫坐在门口的老人，他正在垂头咳嗽和呻吟。

有一些被试在临行前被告知——"现在距离录音开始还有几分钟时间,你会提前到达的。"结果,这些被试中有2/3的人在中途停下来帮助那位老人。

另一些被试在临行前被告知——"现在录音师已经在等你了,你就要迟到了,最好快一点儿!"结果,这些被试中只有1/10的人中途停下来帮助那位老人。

实验的结果显示,就算是在去演讲"善良的撒玛利亚人"这则寓言的路上,匆匆赶路的参与者也会径直走过身处困境的人。然而,这样的评论对被试是否公平呢?毕竟,被试当时的处境是受研究者之托去录音室,也许他们根本就没有发现那位虚弱的老人;抑或是他们看到了那位身体虚弱的老人,内心也萌生了社会责任规范,可是面临着两难的抉择——是帮研究者,还是帮老人?

为了弄清楚这一点,巴特森和助手在另一个类似"善良的撒玛利亚人"的情境中,再次开展了一项实验:让40名堪萨斯大学的学生前往另一座楼参加实验,告诉一半被试他们迟到了,告诉另一半被试他们的时间是充裕的;同时,让一半被试认为他们参与的实验对研究者非常重要,让另一半被试认为无关紧要。

实验结果显示:那些时间充裕且认为自己参与的实验无关紧要的被试,通常会停下来提供帮助;那些认为自己参与的实验很重要且已经延误时间的被试,则很少会停下来提供帮助。

有些时候,人们会指责那些"匆匆而过"不施以援手的人冷漠无情。现在,通过巴特森的实验研究,我们就会理解,这样的评判不够客观,也不是所有"径直走过"的人都是冰冷心肠。他们很有可能是迫于时间压力,急着去完成一些重要的事情，没有空暇和心思去留意周围的事情，甚至根本就没有注意到有人需要帮助。这也再次印证了社会心理学家的观点，社会情境会影响人的行为。

11 利他主义的社会化：如何才能增加帮助行为？

亚利桑那州立大学的一位心理学家在研究中发现：

当被试频繁地帮助他人时，会产生一种满足感，这种感觉和快乐相仿，能够降低被试的皮质醇水平，促进其心血管健康并巩固免疫系统。被试在之后的很长一段时间内，都会处于一种宁静的状态，身体会释放出令人产生愉悦感、减缓疼痛的内啡肽。根据这一现象，心理学家提出了"助人快感"一词，用来形容助人带来的愉悦体验。

帮助他人是快乐的，被人帮助更是幸福的。我们都渴望活在一个充满爱与善的世界里，在自己身陷困境之时有人伸出援手。如果利他主义是可以习得的，那么能否通过有意识的教化使其社会化呢？对此，社会心理学家提出了以下四种有效的方法：

1. 教化道德包容有助于增加帮助行为

利他主义社会化的第一步是去除内群体偏爱，唤起人们的道德包容性，消除"我们"与"他们"之间的界限，关怀那些不同于自己的人。如果总是把关怀和喜爱集中于"我们"身上，而将其他群体排除在道德关怀之外，就会限制人们的同理心。

2. 树立利他主义的榜样

全球影响力研究权威罗伯特·西奥迪尼与合作者发现，不去大肆宣传乱扔垃圾、偷税漏税、青少年吸烟，而是强调人们普遍讲究卫生、诚实可信、戒烟戒酒，教化效果会更好。其他研究也指出，为了不让游客拿走树木化石，与其告诉他们"以前的游客经常拿走树木化石"，不如告诉他们"为了保护公园，以前的游客从不拿树木化石"。

除现实中的榜样以外，电视上的积极榜样也会起到正向的作用。心理学家研究发现，相比观看中性节目，观看亲社会的节目可以让个体的亲社会行为从50%提升到74%。

3. 做出具体的帮助行为

心理学家斯托布认为，助人行为取决于两个重要因素：其一，对不幸者的状态设身处地地设想和体验的能力，即移情能力；其二，掌握帮助别人的知识或技能。所以，通过训练儿童的移情能力和实践如何帮助他人，有助于培养儿童的助人行为。把服务学习和志愿者计划编入学校的课程，也有助于提高学生日后的公民参与、社会责任感与合作。

由于行为会影响态度，当人们做出助人行为之后，会将自己视为"一个富有同情心与爱心的人"，这种自我知觉又会进一步促进帮助行为，从而形成积极的循环。

4. 将帮助行为归因于利他主义

过度辩护效应显示，对一种行为的反馈过度时，可能会让个体将行为归因于外部奖励，而不是内在动机。如果对人们良好的行为给予恰好到处的反馈，则可以增强个体从助人行为中获得的快乐。

丹尼尔·巴特森及其助手以堪萨斯大学的学生为被试，进行了"过度辩护效应"的实验研究，结果显示：在没有报酬或社会压力的条件下，帮助行为让被试产生的无私感最强；在有报酬或社会压力的情况下，帮助行为让被试产生的无私感最弱。

CHAPTER 10

人类的攻击性是天生的吗？

01 攻击行为：人性中暴力的一面

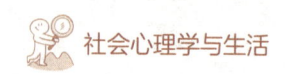

刘易斯·托马斯说："人际行为是人类社会中最奇怪、最不可预测和最难解释的现象。自然界中人类面临的最大威胁，恰恰是人类本身。"

人与人之间的帮助行为，让我们见证了人性中美好的一面。然而，残酷的战争、令人震惊的种族屠杀，以及频频在现实社会中出现的谋杀、抢劫、枪杀、欺凌等攻击行为，也让我们瞥见了人性中暴力的一面。这不禁引发了社会心理学家的思考：为什么人类会有攻击性？这种攻击性是天生的吗？有什么方式可以对攻击和侵犯行为进行防范和控制？

在详细探讨这些问题之前，我们先来了解一下，到底什么是攻击行为？

> **知识点**
> 攻击行为，也称侵犯行为，是指有意伤害他人且不为他人和社会规范所容许的行为。这种伤害行为，可以是实际造成伤害的行动或语言，也可以是旨在伤害而未遂的行为。

根据定义不难看出，攻击行为有两个基本特征：一是伤害意图，二是社会评价。

A用酒瓶砸B的头，B闪躲及时没有受伤，但A的行为仍属于攻击，因为他有明显的伤害意图。A在抢球的过程中撞到了B，致使B摔倒受伤，经裁判和专业人士判断，此次事故属于球场上正常的肢体碰撞，A的行为不属于攻击。

警察追捕犯罪嫌疑人时，因生命受到威胁而采取正当防卫，致使嫌疑人腿部受伤。虽然是故意伤害的行为，但是社会规范准许的，故不属于攻击。如果警察制服犯罪嫌疑人后，继续对其施虐，就不是正当防卫了，而是一种攻击行为。

根据不同的标准，攻击行为有以下三种分类：

1. 攻击方式：言语攻击 vs 动作攻击

言语攻击，是指使用语言进行的攻击行为，如谩骂、嘲讽、诽谤、讥笑等；动作攻击，是指用身体某一部位或武器进行的攻击行为，如撞击、踢打、砍杀、枪击等。通常来说，如果言语攻击未能得到有效控制，有可能升级为动作攻击。

2. 攻击目的：敌意性攻击 vs 工具性攻击

敌意性攻击，是指一种源自愤怒的行为，其目的是伤害他人，给他人造成痛苦，如打架斗殴等；工具性攻击，是指有伤害他人的意图，但伤害只是达到某种目的的手段，而不是为了给对方造成痛苦，如抢劫、在比赛中故意绊倒对手等。

3. 攻击形式：公然攻击 vs 隐性攻击

公然攻击，是指公开、明显、主动的挑衅性攻击行为；隐性攻击，是指隐蔽、被动、非正面的攻击行为，最常见是关系攻击，如对他人采取冷淡或敌对态度，故意忽略他人，背后说闲话，或是用拖延、沉默等方式进行隐性攻击。

02 本能理论与生物学理论：攻击行为是遗传的吗？

为什么人类会做出攻击行为？关于这一问题的理论解释，大致可分为两类：一类认为，攻击是人类与生俱来的本能；另一类认为，攻击是人类后天习得的社会性行为。

在此，我们先来了解一下攻击的本能理论与生物学理论，有关攻击与外部环境因素的关系，会在后面的几个小节中详尽阐述。

> **知识点**　本能理论认为攻击是一种本能，由遗传获得而非习得。

弗洛伊德认为，人类的攻击源于一种自我破坏的冲动，他将这种原始的欲望称为"死本能"。如果死本能指向自己，就会出现自虐、自毁或自杀的行为；如果死本能指向他人，就会出现攻击行为。社会学的实证研究似乎也为弗洛伊德的这种假说提供了证据，有研究表明：一个地区的自杀率较高，他杀案件的案发率就低，死本能的社会破坏性就小。

死本能的攻击性能量必须以某种方式宣泄出来，一旦过度积累就会出现严重的问题。在这方面，社会可以通过体育竞技、自由搏击等替代性攻击方式，让人们的攻击冲动得以释放，并使攻击性能量得到升华。

奥地利的习性学家洛伦茨也认为攻击是一种以失败者让步为目的，具有生物保护意义的生存本能。他的理论观点是从对动物的研究中推演而来的，即攻击有助于动物的物种延续，有利于控制动物的过度增长；同理，人类的攻击行为也可以用来保护社会和经济利益。

> **知识点**　生物学理论主要关注人类攻击性的内在生物学机制，从遗传基因、神经生理特性、内分泌等生物学方面进行分析。

科学家研究发现，某些特殊染色体、遗传基因和攻击行为存在相关性。有一项针对1250万瑞典居民的调查结果显示，兄弟姐妹中有因暴力犯罪被捕的人，其被捕的可能性要比常人高出4倍，而领养的兄弟姐妹间这一概率要低很多。

攻击是复杂的行为，不是简单地受大脑中某一特定区域控制。即便如此，研究者们还是在人类身上发现了一些会引发攻击的神经机制：当这些脑区被激活时，人们的敌意会明显增加；当这些脑区的活动被抑制时，人们的敌意会明显下降。

科学家通过脑部扫描技术来监测杀人犯的脑活动，并测量反社会型人格障碍者的大脑灰质总量。结果发现，没有受过虐待的杀人犯的前额叶激活水平比正常人低14%，反社会者的前额叶比正常人小15%，而前额叶的一项重要功能就是对和攻击行为有关的脑区进行紧急抑制。

血液中的化学成分（如酒精）也会对攻击行为产生影响，酒精可以降低人们的自我觉知和预估后果的能力，并促使人们把暴力和酒精联系在一起，增加攻击行为的可能性。另外，男性的睾丸激素也和攻击行为有关，正如詹姆斯·达布斯所说，睾丸激素"分子虽小，但作用巨大"，它就像是电池的电力，只有电量很低时，暴力犯罪才会出现明显的下降。

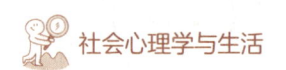

03 挫折—攻击理论：
深夜怒砸ATM机的女孩

一位21岁的女大学生，在某个夜晚连续砸碎两台（自动取款机），且在不到500米的直线距离内，砸坏2家店铺的玻璃和8辆汽车的挡风玻璃。

到底是什么原因，让这个女学生的情绪如此激动呢？

"我想发泄！"在看守所里，这位女大学生回答说。她长得白白净净，身材娇小，光看外表很难把她和手持板砖、挥臂捣砸的破坏者联系起来。经过询问得知，女生是家里的独生女，但父母只关心她的功课，并不在意她的感受。父母经常打她，打完后还要逼着她承认错误，有时她觉得自己并没有错，只是不敢反抗。现在就读的专业不是她喜欢的，学校的期末考试她不想参加，但父母硬生生地把她"押送"到学校。

她受不了，就从学校跑了出来。本想在外面找点事情做，没想到又被人骗了钱。她在大学里没什么朋友，室友们都觉得她很怪，交流很少。她对父母的不满也不知道该怎么表达，这些东西全都压在她心里。她说不出来为什么要砸那些机器，只记得当时大脑一片空白，周身有一股力量驱使着她这么做。似乎只有这样做，她才能稍微舒服一点儿。

知识点：耶鲁大学教授约翰·多拉德认为，挫折总会导致某种形式的攻击，这一挫折—攻击理论是最早对攻击进行解释的心理学理论之一。

CHAPTER 10
人类的攻击性是天生的吗?

1941年,勒温等人做了一个实验,很好地证明了挫折与攻击行为之间的关系。

实验组的孩子被领到一个摆满了玩具的房间,孩子们很喜欢那些玩具,可惜玩具被金属网隔住了,可望不可即。经过漫长而痛苦的等待后,这些孩子才被允许去玩那些玩具。相比之下,控制组的孩子直接就可以去玩那些玩具,没有经受任何的挫折。

结果显示:在玩玩具的过程中,遭受过挫折的实验组的孩子,比控制组的孩子表现出了更明显的破坏性,他们会把玩具摔在地上,往墙上砸,或是踩踏玩具。这个实验通过巧妙的情境设计,证实了挫折会引发攻击行为。

挫折—攻击理论中所说的"挫折",泛指任何阻碍人们实现目标的事物。当我们实现一个目标的动机很强烈,预期得到满意的结果,却在行动过程中遇到阻碍时,挫折便产生了。

挫折(目的阻碍) → 攻击的激发 → 外向攻击 → 直接攻击 / 替代攻击
攻击的激发 → 内向攻击(如自杀)
挫折(目的阻碍) → 其他反应(如退缩)

深夜怒砸ATM机的女生,她在生活中遇到的挫折来自多个方面,既有父母的控制、被同龄人排斥的痛苦,也有学业上的压力,这些挫折阻碍了她成为一个独立自主的人,无法感受到亲密关系与社会支持,更体会不到自我存在的价值。

女孩对父母的不满已经积压了很多年，但她不敢直接反抗父母，砸ATM机的行为其实是一种敌意转移。多拉德等人认为，直接的言语和身体攻击是最常见的攻击形式，但如果诱发挫折的因素在体能方面或社会方面过于强大，或是诱发挫折的因素是情境而不是人，致使攻击不能直接指向挫折的原因，攻击的驱力就可能发生转移，指向其他目标。

无论是现实案例还是实验研究，都证实了挫折会引发攻击性。但是，也有一些人在受到挫折后并没有采取攻击行为，这又怎么解释呢？

1941年，米勒对多拉德的挫折—攻击理论进行了修正，认为挫折不一定引起攻击，还可能导致攻击之外的其他后果，如退缩；而伦纳德·伯科威茨则认为，多拉德的理论夸大了挫折与攻击之间的关联，并对该理论进行了修正。

> **知识点**
> 伯科威茨认为，挫折产生的是愤怒，即攻击的一种准备状态；只有当环境中同时存在激发攻击行为的线索，即引发攻击行为的刺激物，如挑衅性语言、刀枪等，这种内在的准备状态才会转化为外在的攻击行为。

研究者还发现，即使个体被激怒也不一定会采取报复性攻击，他们会思考对方是无心之举，还是蓄意挑衅。如果对方的行为是无意的或有特殊原因，多数人都不会选择报复；如果对方的挑衅行为可以被合理解释，被激怒者通常也可以重新理解他们的行为，减少攻击。

04 相对剥夺：
期望与现实之间的落差

马克思在《雇佣劳动与资本》中写过这样一段话：

"一座小房子不管怎样小，在周围的房屋都是这样小的时候，它是能满足社会对住房的一切要求的。但是，一旦在这座小房子近旁耸立起一座宫殿，这座小房子就缩成可怜的茅舍模样了。这时，狭小的房子证明它的居住者毫不讲究或者要求很低；并且，不管小房子的规模怎样随着文明的进步而扩大起来，只要近旁的宫殿以同样的或更大的程度扩大起来，那么较小房子的居住者就会在那四壁之内越发觉得不舒适，越发不满意，越发被人轻视。"

很多时候，挫折源于期望和现实之间存在落差。如果我们的成就可以满足

内心的期望，收入可以满足正常的需求，通常不会感到受挫；一旦我们把自己和他人进行比较，产生了相对剥夺感，就可能会深感受挫。

> **知识点** | 当人们把自己的处境与某种标准或某种参照物相比，发现自己处于劣势时，就会产生一种相对剥夺感。这种感觉会影响个体或群体的态度和行为，引起愤怒、怨恨、不满或攻击行为。

相对剥夺是一种关于群体行为的理论，最早由美国学者斯托弗提出，后来默顿对其进行了发展与补充。通过定义可知，相对剥夺感的产生需要具备四个条件：

（1）自己不具有某种资源；
（2）与自己相似的他人/群体拥有这种资源；
（3）自己期望拥有这种资源；
（4）自己获得资源的期望是合理的。

我们可以借用很多现实情景来解读这番话，比如："年近三十的我，至今还没有自己的房子，看着周围的朋友和同事都买房了，我很羡慕他们，谁不想拥有一个属于自己的家呢？"

> **知识点** | 相对剥夺感会带来紧张状态，让人产生社会适应不良。

有些农村学生来到一线城市上大学后，发现期望和实际能力存在巨大落差，从而产生了相对剥夺感。为了缓解这种落差，他们会通过刻苦学习取得优异成绩来进行平衡，或是产生激进的社会失范行为。2013年，我国一项涉及5900多名大学生的研究结果显示：相对剥夺感和抑郁、自杀意念呈正相关，大学生的相对剥夺感越强，其抑郁水平越高，产生自杀意念的可能性越大。

大量实验表明，暴力犯罪通常是由于个体感受到资源被剥夺，故而产生强烈的挫折和敌意。2000年，美国有一项涉及6000多人的调研发现，相对剥夺感会导致个体产生消极的自我体验，从而引发个体的社会越轨行为，如暴力活动、经济犯罪、滥用药物等。

在现实生活中，我们要注意觉察自己身上出现的相对剥夺感，一旦发现有些愤怒、不满和痛苦的情绪是因为和他人比较所致，就要及时进行干预和调整，如打消不切实际的想法，对现状进行正确评估，选择合适的参照群体，以减轻相对剥夺感带来的负面影响。

05 情境与攻击：那些令人厌恶的体验

社会心理学家认为，人类存在攻击的本能，但攻击行为不都是由本能引起的。挫折是引发攻击的一个重要因素，但它并不是唯一的"导火索"，因为人是情境中的动物。令人厌恶的情境往往会激起人们的敌对性想法、记忆，愤怒情绪和唤醒状态，继而引发攻击行为。

> **知识点** | 伯科威茨认为，疼痛会提高人类的攻击性。

伯科威茨及其同事在威斯康星大学进行过一项实验：让被试大学生把手放在一杯微热或一杯冰冷刺骨的水中，并安排一人在旁边不断发出讨厌的声音。结果显示：把手放在冰水中的被试，对旁边发出噪声的人表现得更加急躁和厌烦，也更倾向于对此人表示强烈的不满。

> **知识点** | 炎热潮湿的天气容易让人变得急躁不安。

哈里斯与斯塔德勒曾经做过一个调研，探究达拉斯12个月内的天气与恶性袭击案数量之间的关系。结果发现，天气越热、越潮湿，袭击案的数量越多。无独有偶，安德森对谋杀、抢劫、强暴和偷窃等犯罪行为的发生率也进行过研究，发现暴力犯罪的数量随着温度的升高而增加。另外有研究指出，天气炎热时，家庭暴力也会增加。

> **知识点** | 拥挤、嘈杂的地方，容易让个体生理唤醒水平升高，使兴奋、紧张和烦躁的情绪增加，降低人们对攻击行为的抑制力。另外，人群密集之地也容易导致去个体化。

劳伦斯与安德鲁斯以成年男性监狱同住一室者作为被试，旨在研究拥挤与攻击行为的相关性，结果发现：感觉拥挤的同住者，更容易将他人的行为理解为具有攻击性。根据交互性原则，个体在知觉方面的变化，有可能会引发报复性攻击行为。

格拉斯与辛格在1973年也做了一个实验,旨在研究噪声与攻击行为的相关性。他们让被试分别在嘈杂与安静的环境下完成一项数学任务,结果显示:在嘈杂的环境中,被试在接下来的改错任务中显得更加烦躁,且会犯更多的错误;特别是在声音很大、不可预测以及无法控制的噪声中,这种情况表现得更为明显。

06 媒体暴力:请让孩子远离暴力游戏

提到斯坦福大学的心理学家阿尔伯特·班杜拉,多数人都会想到"波波玩偶实验":

被试是一群3~6岁的孩子,实验组的孩子观看了一个成年人殴打波波玩偶的场景,控制组的孩子所观看的场景里没有任何攻击波波玩偶的行为。观看之后,研究者把孩子们单独带到一个有波波玩偶的房间,结果发现:之前观看过攻击性场景的孩子,对玩偶做出的攻击行为比控制组要多。

之后,班杜拉又对另一群儿童复制了"波波玩偶实验",只是这一次观看的不是真人殴打波波玩偶的场景,而是一段玩偶受到攻击的动画片。然而,实验结果与之前是一样的。

> **知识点** 无论是接触真实生活中的暴力行为，还是荧幕上的暴力行为，都会对观看者的真实行为产生诱导作用。

1994~1997年，美国国家电视暴力研究中心的工作人员夜以继日地对来自各大网络和有线频道的10000多个节目进行审查，结果发现：10个节目中就有6个包含暴力内容。多项针对主流媒体的研究证实，观看媒体中的暴力，无论是即时的还是长期的，都会增加人们的攻击行为；如果观看者是儿童，他们更有可能会对暴力内容进行模仿。

克雷格·安德森及其同事发现，玩暴力电子游戏增加了儿童、青少年和成年早期的暴力行为。那些玩暴力游戏的孩子，容易降低对他人的信任感和合作意识，在学校里容易对同伴表现出攻击性、与老师发生争执，或是发生结伙打架的行为。

经研究证实，暴力电子游戏比暴力影视更容易诱导人们做出攻击行为。人在玩电子游戏时会认同暴力人物的身份并进行角色扮演，不再是被动地观看暴力行为，而是积极地进行演练，参与暴力活动的全过程，并且不断地重复暴力行为，从有效的攻击中获得奖赏。

作为一名充满社会关怀的心理学家，安德森呼吁家长们要多关注孩子周围的媒体，保证他们接触健康的媒体，起码在家里时要做到这一点，为孩子创造良好的成长环境，鼓励他们参与健康的、亲社会的游戏。与此同时，学校也要加强对学生的媒体意识教育。

07 宣泄假说：打沙袋可以减少愤怒吗？

当我们感到愤怒时，心里涌动着一团充满攻击性的能量，即将爆发。在这样的处境下，经常会有人劝慰我们说："去打个沙袋，发泄一下！"这样做真的有用吗？是否能够平息怒火、削弱攻击能量呢？

为了探究这一问题，心理学家做了一个实验：将愤怒的被试分成三组，A组被试在想起惹自己生气的人时打沙袋；B组被试在想起中性话题时打沙袋；C组被试什么也不做。结果显示：A组被试在打完沙袋以后，变得更加愤怒了，也更想要报复；C组被试什么都没做，愤怒程度反而最低，也表现得最没有攻击性。

> **知识点**
> 通过攻击良性对象来宣泄愤怒情绪无法降低攻击能量，反而会增加愤怒和攻击冲动。

埃贝·埃伯森及其研究伙伴在真实的生活情境中，也发现了攻击行为会加强攻击性的现象：当100位工程师与技术人员在收到解雇通知并为此感到愤怒时，为他们提供表达敌意的机会，如询问他们"你认为是什么原因导致公司对你做出如此不公正的决定？"再让他们评价对公司和主管的态度，会发现他们的敌意较之前变得更强烈了。

面对积压在内心的愤怒情绪，到底该怎样处理呢？其实，比较有效的方法是用非攻击性的方式表达自己的感受，让对方知道他的言行对你造成了什么样的影响。

有攻击性的表达——"你这个人总是那么自私！"
非攻击性的表达——"我觉得自己最近承担了太多家务，很疲惫。"

简单来说，就是不要用第二人称"你"开头来表达自己在当下事件中的感受，这种表述方式具有攻击性。接收信息者感受到的是指责和抱怨，很容易被激怒，让彼此陷入相互指责和攻击的恶性循环中。试着用第一人称"我"对自己当下的情绪和感受进行表露，不仅可以更好地分辨自己在事件中的感受，还能让接收信息者把重点放在你的感受上，从而更容易给予理解和共情。在这样的情况下，对方也更可能对你进行安慰，或是自我反省并道歉。

08 社会学习：攻击行为是可以控制的

社会学习理论的奠基人班杜拉及其助手通过研究证实，暴力行为可以通过观察和模仿习得，哪怕不给观察者任何的强化物。对儿童来说，呈现在眼前的暴力行为向他们传递了一个重要信息，即这种形式的暴力是被允许的，这就削弱了儿童对攻击行为的抑制，当他们在日后遇到挫折时，就更有可能表现出攻击行为。

如果攻击行为可以习得，那我们能否通过全新的学习过程改变或消除它呢？

> **知识点** 班杜拉指出，个体可能会因为得到奖赏或是通过观察习得攻击行为，也可能因为观察到因攻击而受到惩罚的榜样后抑制攻击行为。

心理学家研究发现：有些虐待孩子的父母，在幼年时期也遭到过父母的虐待，这种暴力管教方式就是他们从父母身上习得的。反之，有些人在成长过程中，一旦做出不当行为就遭到父母的斥责和阻止，他们通常就会克制自己不做出攻击行为。

上述的现象给家长们提了个醒：从行为强化和社会学习的角度来看，惩罚确实有助于减少攻击行为，但是别忘了，惩罚本身也是一种伤害和攻击行为，且有效性是有限的。现实案例告诉我们，轻度的惩罚（强度只是让孩子停止不当行为）可以控制和减少攻击行为，过于严厉的惩罚不仅不能让攻击行为减少，甚至还会成为孩子的模仿对象，增加攻击行为。